你的選股夠犀利嗎？

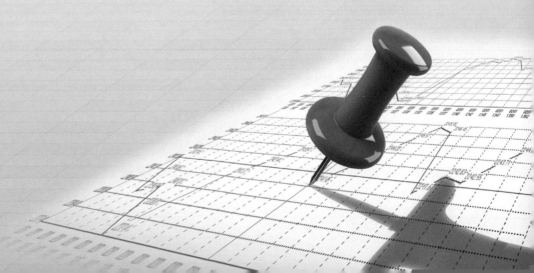

目錄

目 錄

研判能力比計算籌碼更重要！

有些專家說，不看盤可以賺更多；也有另外一些專家說，長線比短線賺得多。這兩種說法，我都反對。

先說前者。這種說法是想討好懶得做功課的上班族，以為股票是可以白吃的午餐。其實，不看盤可以賺更多，也不能說是錯誤的，但是先決條件就是得在看盤以外的時間下功夫，而且當事人必須是高手中的高手！據說日本有一位 44 歲（1968 年生）的「童顏熟女」，叫做水谷雅子，她由於擁有有 18 歲的容貌而在網路上爆紅。可是，你知道嗎？根據她透露的秘訣，每天是花了五個小時的時間在做護膚保養，過程非常繁複辛苦。你一定會說：「我哪有那麼多時間！」是不是？同樣的道理，「不看盤」而能百戰百勝，很可能付出的代價是「不睡覺」的努力！

說來也許您不相信，筆者也常只是看看開盤的半個小時就去補眠了，因為昨晚通宵研究個股的訊息，已把籌碼的細節全部了然於心，所以操作起來非常簡單。我也不太會在看盤的過程中改變心意。結果經常在下午睡醒後檢視收盤，都在我的意料之中。我有一次特別把自己的研究結果，免費發函告知那些購買我的書、經我將其來信建檔的讀者，結果我的「明牌」讓我的短線操作賺了三十多元的差價。讀者來信讚美說：「方老師，你在信中預先告訴我們的話，全應驗了。行情的走勢完全按照老師的劇本在走……。」

　　我這樣說，並不是在炫耀什麼，而是強調研判能力高於掌握籌碼細節。擁有最專業的股票軟體、知道籌碼細節，可以說是投顧老師或有錢人都辦得到，但是要成為贏家還必須有一套最犀利的工具，那就是「研判能力」。它才是股市的不傳之祕，也是高手致勝的最高機密！

　　其次，再說到「長線比短線賺得多」。我只是反對，可沒說它是錯誤的。只要加上這樣的條件：「底部進場」、「碰到大多頭時期，而你又作多」（或碰到大空頭時期，而你又放空）、「選對飆股」，那麼長抱確實賺得比較多。因為短線操作者常常在賣出強勢股以後，發現該股比想像中的更強，卻捨不得用更高價追回來；也常常在強勢股轉弱時殺出獲利，卻未能及時在低檔回

補，眼看著巨龍又飛上天了！

　　一般人對短線操作者最大的「責難」是：「玩那麼短幹什麼！錢不是都送給了營業員和證交所？」我常常回答說：「如果不能賺錢，一毛不拔也發不了財；如果能賺錢，讓營業員或證交所分一點，有什麼關係？」這就是我的理念。

　　短線操作，比較適合於散戶。其優勢就在於「積極操作」，把自己的一份小錢，重複使用，讓小錢充分發揮它的效能；長線操作比較適合大戶，用一筆大資金「一次性使用」，最好是閒錢，同時要有耐心，被套時要慢慢守候，直到轉虧為盈，然後一次性收穫。我有一位「價值投資者」的好友，去年用三千萬元買了某一檔股票，他把那檔股票如何被低估講得很有道理，但我從短線看，

根本沒興趣。果然這檔股票起起伏伏，一直都不好，他足足被套了半年之久。今年(2012)開紅盤之後，所有的股票都連續大漲。他很開心地告訴我，他已全部解套並開始賺錢了。他的耐心，非常讓我佩服。但我常常在想，他的三千萬元如果能正確地「積極操作」，早就不知已經賺成什麼樣子了。長線如果比短線好賺，其實好賺的不是長線，而是「時機點對了」。而對於短線操作者來說，只要研判的能力夠強，多空雙向、積極操作，什麼時間點都是「好時機」！

　　我強調的「正確的積極操作」，這「正確的」三字指的是研判思維的正確。股市是一門非常靈活的學問。不要過度信賴教科書上的一些「數據」鐵則，如果操作思維不靈活，這些鐵則也會生銹的！自從我提供讀者一個信箱之後，讀者的來信就給了我極大的壓力，因為我是個很有責任感的人，常常因為未能及時回信而愧疚。但我仍不認為花時間為眾多讀者解答是自找麻煩，因為讀者也給了我很多寫作上的靈感。例如，很多讀者常會提出了一些我始料未及的問題，這些問題在我寫書時還以為那是很簡單的，所以當時就忽略了解釋。了解讀者的迷惑或需求之後，就會在再度寫到類似的問題時重新加以說明。所以，我認為買我整套書的讀者都很聰明，絕非浪費！很可能

你在本書沒解開的謎團，會在其他書籍中又獲得了啟示。有很多讀者在 E-mail 中給我附上了買我整套股票書的照片，常常令我非常感動，有什麼比較好的想法，我都會主動和他分享。

在和讀者的互動中，我發現大部分股市新手都是秉持著很單純的想法，其實股市這潭水是很深的。別看高手在水上跳來跳去，就以為很簡單，而跟著跳來跳去，因為那樣很可能跟他的結局大不同：他沒事，而你摔到水底去了。其實，高手在水面上跳來跳去，是深知水面下什麼地方有石頭可踩、什麼地方有暗礁要小心，不熟悉的人可不能隨便亂闖的。經驗，是股市最重要的資產；有了深厚的經驗，才能有正確的判斷。有了正確的判斷，才能無往不利。直接向高手學

習，則是最便捷的經驗累積。只要思路是正確的，就可以省掉二、三十年撞得頭破血流的經驗，直接晉升高手行列。

　　本系列稱為「實戰秘笈」，主要是一種類似棋譜的實戰剖析，不重學理，而重視的是「授人以漁」，教讀者如何判斷、如何思考，以及多了解一些股市的暗礁，以免受傷；讓讀者在實際的作戰中，能把書上所謂的「鐵則」打破，用更寬闊的視角、更正確的思維去研判主力的動作，更穩健地在股市中尋到寶藏！如果有問題，仍歡迎寫信給我。謝謝！

方天龍

方天龍信箱：kissbook@sina.com

方天龍 blog：http://blog.sina.com.cn/tinlung8

第 **1** 部

練眼光
選股好犀利

捉住主力，一檔
股票要賺30塊

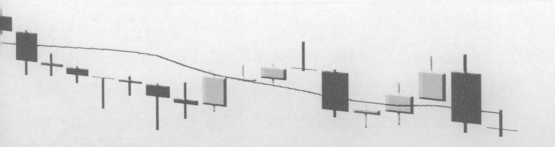

很早就發現自己是個非常不適合擔任投顧老師的人，所以從未朝這個方向發展，因為我太有責任感了，常常在想，周遭那麼多埋怨投顧老師害他們慘賠的說詞，不知有沒有讓那些老師因被罵而感到耳朵癢癢的？如果是我，一定找不到地洞可以鑽了。可是，奇怪的是那些投顧老師竟然可以繼續在電視上信口雌黃下去，真令我不解。

有一次，我的一位好友因參加某家投顧公司的會員，聽從老師的「放空」指令，從 25 元被軋到 45 元，慘賠幾百萬元。聽他整天在罵這位老師，我實在是聽得耳朵長繭了。看他手上的融券單子卻一直不趕快停損回補，就陪他去參加該老師的講座，想要聽聽這位老師是什麼理由，堅持不認賠回補。

台上這位帥哥老師相當年輕，口才不錯，堪稱是「師奶殺手」，台下來了一堆菜籃族的家庭主婦。帥哥老師在台北車站附近一個大飯店的會議廳中滔滔不絕地要大家放心，「這檔股票在誘多，股價馬上就下來了。因為我是學理工的，在電子公司也待過，我很清楚它的基本面。我們要加碼放空！」

那是哪一年的事我忘了，但記得很清楚的是，那檔股票叫做矽統（2363），他在 25 元左右叫會員開始放空，結果一直被軋到 45 元還不認輸。在我的勸告下，我朋友當天堅持退出會員行列，並且把股票回補了。他的決心，幫他每月省下了三萬元的投顧會費，股價也少賠了一大段。

我不曉得那位帥哥老師後來是如何收場的。但奇怪的是，隔幾個月後，在電視上又看到他的解盤節目了。很怪的是，這位老師竟然掛出「多頭總司令」的名號，繼續大言不慚地講下去。

筆者的臉皮比較薄，所以這種行業這輩子是幹不下去的。幫人家出主意買股票，真的壓力很大。雖然我知道大部分肯拋頭露面去「秀」的，很快就

可以賺到上千萬，但我寧可不做。

　　近年筆者每天花十幾個小時研究股票，功力大增，比較敢講話，但對於報明牌的事仍然非常膽小。不過，由於我在恆兆文化出版公司連寫了六本書，熱烈的讀者來信，頻頻給我鼓勵，說我的書與坊間的書有「天壤之別」，因為我寫的股票書易讀好懂，並且沒有「遮步」（台語，藏私之意）；有的還希望拜我為師；大部分人都說和我「相見恨晚」……等等之類的溢美之辭，確實讓我感受到用心寫書、得到回響的暢快。略經整理之後，竟然發現讀者的來信，最多的一位迄今竟然來往了 144 封。顯然，彼此的信賴感已經產生了，事實上我一直很想幫助他們。後來，我就把那些比較客氣的來信加以建檔，並把自己的研究心得回饋讀者－－

　　2011 年 11 月 17 日，我在盤中告知其中一位讀者，我買了和泰車（2207）這檔股票。我只是提供他參考，並未建議買進。

圖 1-1 和泰車（2207）日線圖

（圖片資料來源：XQ 全球贏家）

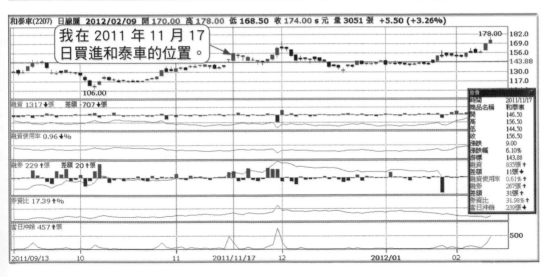

次日我突然想，既然這麼有把握賺錢，乾脆告訴所有經我建檔的讀者吧！於是，我以群發的方式發出了我的報告。圖 1-1 所標示的位置是當時和泰車的位置圖（日線圖）以下則是我在信上的分析－－

▶Point *01* 明牌的分析

一、我是 11 月 17 日買和泰車（2207）的，價格是 146.5 元及 147.5 元，平均價位 147，交易成本是 148.02 元，超過這個成本價就是獲利。結果收盤 156.5 元。當天留倉。

二、賺錢最高機密：計算籌碼、深入這檔股票的細節，這是花了很多時間去做功課的。

三、和泰車主力群包括有六大主力，全部是外資身分。由「關鍵日期」的三天買盤統計（其中一位長期作多的主力，特別以將近一個月的時間精確計算），這六大主力在「攻擊期間」總共持有 5106 張。他們的平均價位是 148.14 元。成本是 149.18 元，比我的平均價位 147 元、成本 148.02 元的買價更高（因為我是在大盤重跌時跟進買的，撿到便宜，所以比主力成本更低）！

四、今天（11 月 18 日）盤中研判他們都無出貨的意思，成交量也可以看出，根本出不了貨（總量才 1397 張）。所以我一張都不賣。

五、今天（11 月 18 日）盤後做功課，發現與我的想法完全一致，六大主力都沒有出股票，只有一位主力非常小幅的賣超，也不算出貨。其中三位主力還逢低加碼（成本提高為 152 元左右）。

六、今天和泰車最低只到 150 元，顯然主力群守住了他們的成本區。

七、「和泰車」最後一筆98張，研判其中一位主力用 70 張以市價買進，所以收盤由 151.5 元拉到 153.5 元。外盤成交，明顯護盤！

八、結論：只要全球股票不再重挫，這檔股票還會有高價！買點選擇：星期一如果有 150 元～ 153 元左右的機會，掛價買進。不必追高。賣點選擇：在汽車類股同時大幅拉升的當天或次日、成交量大幅增加（至少要超過 5000 張）以後，選擇高點出光。

發出這封信，是限量提供給買我書的讀者，純係感謝。這篇文章也沒準備在博客公開，以免主力看到，改變策略！

我發信的日期是 2011 年 11 月 18 日，大盤非常不好，從圖 1-2，就可以知道，我是在大盤往下走的時候報的「明牌」──和泰車！我報的明牌是教大家作多，而不是作空的！

圖 1-2 加權指數 (TSE) 日線圖　　（圖片資料來源：XQ 全球贏家）

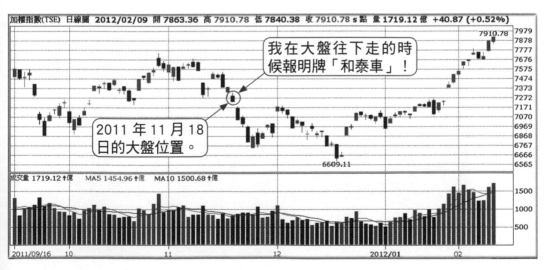

我不是投顧老師，提供研究心得也不收費，純粹是練練自己的膽子，同時也是和讀者一起測試自己的功力。

我是在盤中一邊看盤、一邊發出 E-mail 給讀者，並選了五十個以內的人數用群發的方式發函（超過這個數字會被當廣告信刪除）。

▶ Point 02 如何判斷和泰車的走勢

一、看看和泰車有沒有跌破 150 元？

雖然我告知大家和泰車有主力撐盤，但也得提防這六大主力「落跑」，所以我一直觀察這檔股票有沒有跌得太深。前面說到主力的平均成本是 149.18 元，所以我認為主力的底線在 150 元，一定不可破掉他們的底線；一旦破掉他們的成本底線就表示有人「落跑」了！股市新手請注意，這就是對主力籌碼掌握的最基本判斷！

11 月 18 日大盤這麼糟糕，我還是「一心三用」（觀察和泰車、寫信給讀者、找新標的物）另外做了一筆成功的當沖──華夏（1305）以融資買 9.71 元，然後融券賣 9.95 元。這只是練練當沖的功力而已，沒什麼。

圖 1-3 11 月 18 日我的成交回報 　　　　　　　　　（圖片資料來源：作者）

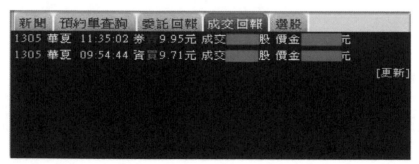

二、看看尾盤有沒有護盤的意思？

　　大盤跌的時候，真是「覆巢之下無完卵」，和泰車也照跌不誤。其實，這裡就需要考慮一下。你想想就知道，為什麼這檔股票不拉呢？因為多頭馬車（六大主力）是人人自危的，誰也不拉給別人「出貨」，對不對？所以股價就拉不動了。

　　關於這點，筆者可以用一個故事來說明：

　　海邊抓螃蟹，當竹簍中只有一隻螃蟹時，這隻螃蟹會順著竹簍粗糙的內壁，爬到出口處脫逃，所以要將竹簍的出口封住，以防螃蟹爬了出來。而如果竹簍有了兩隻以上的螃蟹，雖然牠們一樣會沿著竹簍內壁，往出口處拚命地爬想要脫逃，但卻一隻也逃不出去，為什麼？

　　因為，當那隻領先的螃蟹快要爬到出口時，另一隻螃蟹也趕著要逃出去，後來的這隻螃蟹會死命地將前一隻往下拖，以利自己逃生。

　　就這樣，一隻螃蟹想逃，其他的螃蟹會把牠拉下來，不斷循環不已，最後沒有任何螃蟹可以逃得出去。所以抓螃蟹的小朋友根本不需蓋上竹簍的出口，也不必怕螃蟹會逃走。

　　同樣的道理，和泰車的六大主力是互相綁在一起的，他們都還沒有獲利。在共患難的情況下，他們是不會互相殘害的，但是如果已經大大獲利的時候，就很難講了。這是人性！

　　令我高興並且安心的就是「尾盤有護盤的動作」。說得比較專業一點：它是外盤成交的，並且拉上了四檔。這表示主力仍然是有向上前進的「誠意」！

　　根據筆者當時已經出版的《放空賺更多》一書的理論，2011 年應該是

放空比較容易賺錢的。這時，我要在「和泰車」一股上作多，真的是「火中取粟」，非常艱險！

圖 1-4 和泰車（2207）分時走勢圖

（圖片資料來源：XQ全球贏家）

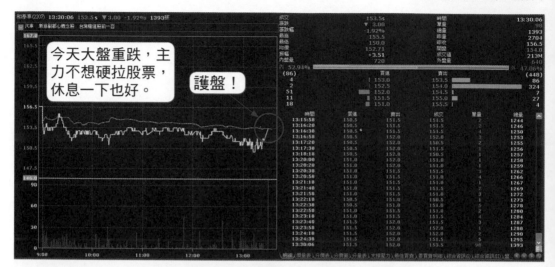

不料，我才說別破 150 元，這檔股票竟然還真支撐不住了，11 月 25 日最低還跌到 140 元！我是看好它的人，我怎麼能自己也沒信心呢？所以我在跌到 142 元就開始往下加碼買進了！

▶Point **03** 繼續追蹤籌碼的去向

在大盤不斷下跌、我的明牌也暫告失靈的情況下，我非常集中精神地研判「和泰車」（2207）的走勢。最後我不認為應該停損，因為每當風風雨雨的時候，大部分人都會動搖，只有小部分人（天生贏家）仍做他該做的事（研判行情及細數股票籌碼），等風雨過後，大部分人已經慢慢覺醒了、懊悔賣出太早，而那一群小部分人已經成功了（股價攻上去了）。這就是我當

時的理念！

在 11 月 23 日的盤中，我仍發出前兩天的盤後籌碼統計報告（表 1-1）給讀者，我覺得我有義務要追蹤，給讀者一個交代。雖然我只做研究分享，但我一向是有責任感的。我公布了主力的籌碼統計。那時六大主力，已經增加到八大主力了。

我當天在信上說，當時雖然還不知道盤後的結果。但從盤面上這麼多的跌停板看來，必然會出現有一兩位成本比較低的和泰車主力賣出一些籌碼。不過，很明顯的，這八位主力大戶，仍然守住了 145.45 元的成本區。收盤 147 元。剛剛好是大家進場的總成本區。

由表 1-1 的籌碼統計可以看出，G 主力連續兩天偷偷賣了股票，那是因為他的成本很低，才 139.87 元而已，所以他的小賣股票，也是賺錢的。A 主力則是死多頭，不知今天有沒有動搖。

結論：不用怕。忍是目前的對策！我認為這檔股票在風暴來臨時都守在 146 元，而沒有跌停板，是相當有出息的。不必擔心，會賺錢的！

表 1-1：和泰車 (2207) 的籌碼統計

主力群	關鍵日期的買超		11/21		11/22	
A（外資）	8/15~11/22	135.97 元,2425 張	買	150.29 元,198 張	買	148.72 元,60 張
B（外資）	19 天	143.53 元,1269 張	買	150.7 元,281 張	買	149.24 元,291 張
C（外資）	4 天	148.93 元,1074 張	買	151 元,4 張	買	148.95 元,10 張
D（外資）	4 天	147.97 元,1043 張	賣	151.56 元,558 張	買	148 元,20 張
E（外資）	3 天	150.63 元,934 張	買	150.63 元,320 張	買	149.31 元,397 張
F（台灣）	16 天	145.89 元,857 張	買	151.72 元,57 張	買	148.6 元,203 張
G（外資）	33 天	139.87 元,621 張	賣	149.45 元,42 張	賣	148.52 元,406 張
H（外資）	2 天	150.86 元,597 張	買	151.13 元,397 張	買	150.31 元,200 張

　　雖然我對自己的研究有信心，但2011年真的是殺紅了眼，「和泰車」一直往下掉。在11月25日跌破146元來到最低的140元。

　　而我為什麼不停損卻反而加碼呢？（當天我分批加碼，從142元往下買到140元為止，後來就沒有更低點了。）

圖 1-5 和泰車 (2207) 日線圖　　　　　　　　　　　　（圖片資料來源：XQ全球贏家）

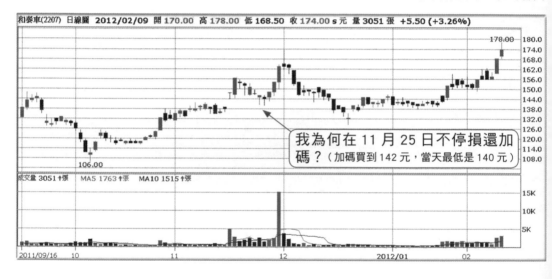

我為何在11月25日不停損還加碼？（加碼買到142元，當天最低是140元）

　　在此，我必須特別告訴股市新人，從你們的來信中，我發現你們總是秉持太單純的念頭在操作股票，說「盡信書，不如無書」好像也不對，因為書上寫的多半沒有錯，只是股市是要靈活操作的，因為趨勢會變，我們得跟著變。問題是你知道它變了嗎？你曉得「和泰車」會跌到什麼情況呢？為什麼我會補到最低點的同一天，而你連買都不敢買呢？差別就在於判斷力的不同。我藉以行動的判斷力，是來自幾天幾夜不眠追蹤的結果。現在就透露我

的思維模式吧！

　　一、從原有的六大主力均未釋出本身的籌碼可以知道，主力也在忍受空襲，並不是下跌的禍首，必須還他一個清白。

　　二、在 11 月 15 日～16 日之間，有一個「缺口」，居於 139～144 元。而 11 月 25 日最低只跌到 140 元，並未破 139 元。第二天的回升，也證明了此一觀點。如果第二天才加碼，就來不及了，是不可能補到 142 元成本區的，因為當天最低只到 142.5 元。由此看來，技術分析之外，有時也要憑一點經驗、憑一點直覺，告訴自己說：「跌夠了！」那就加碼攤平吧！否則主力攤平，他的成本比我們的低太多，我們就危險了。畢竟我們和主力是玩「零和遊戲」的，不是你死，就是他亡。只有知己知彼，才能百戰百勝。

　　三、請看圖 1-6，從「和泰車」的融資融券圖中，我們看出空單已增加不少，這在主力反擊的時候，會成為助漲的力量。

圖 1-6 和泰車 (2207) 日線圖

（圖片資料來源：XQ 全球贏家）

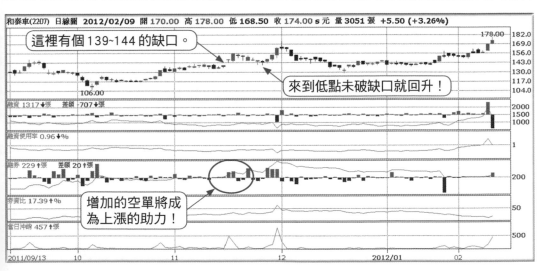

四、我為什麼會補到最低點的同一天呢？其實，說穿了沒什麼，就是因為大盤在前一天已經止跌了（圖 1-7），所以我估計「和泰車」也會跟著止跌。但我實在不知當天最低點是多少，所以只好用金字塔方式分批加碼，結果就買到 140 ～ 142 元之間。

圖 1-7 加權指數（TSE）分時走勢圖

（圖片資料來源：XQ 全球贏家）

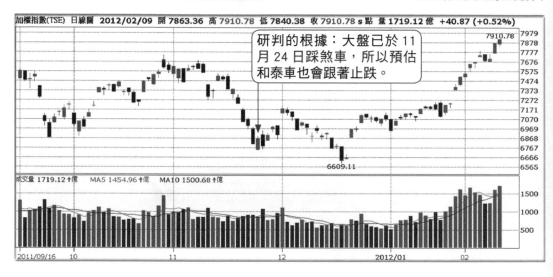

▶Point 05　賣出時機

接下來的問題是「什麼時候賣出」？我想，既然我們已經在殺到骨頭之後加碼攤平，主力也是。那麼，大家都有一個共識，就是急於解套出逃！沒錯！思維正確！「和泰車」的一群主力，在大盤止跌後，果然都採取急拉的方式往上攻了！

根據我的追蹤，到了 11 月 30 日盤中我發出去給讀者的信，主力已經增加到第十位了（前一天增加一位多頭新主力），所以我不但不怕，還勇敢

地加碼，把成本降到 142 元左右，果然當天已開始悄悄發飆了。看！大盤往下，它卻往上！和泰車今天不再客氣了，開始發功，頻頻攻向上方。以下是盤中的截圖：

圖 1-8：2011 年 11 月 30 日盤中的大盤走勢截圖　　（圖片資料來源：XQ 全球贏家）

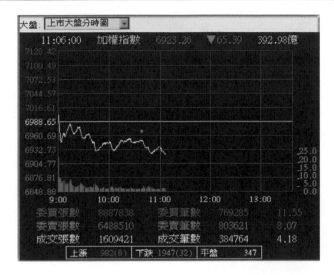

圖 1-9：2011 年 11 月 30 日盤中「和泰車」走勢截圖　　（圖片資料來源：作者）

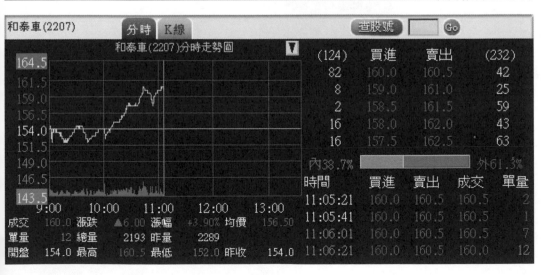

在 11 月 30 日發給讀者的信中，呼籲大家在 160 元以上分批賣出。因為我從籌碼及時間點來看，已經確定這兩天該是反攻的時候！但我怕有的讀者動作太慢，失去賣出的時機，所以建議他們 160 元以上就賣了，因為至少沒逢低加碼的人也賺到十元了。

在 2011 年能賺到十元，是很幸福的事！

當天我也隨信附送一張籌碼統計表給讀者：

表1-2 和泰車（2207）籌碼統計表

	關鍵日期的買超		最近一天 11/29 的表現	
A 主力	11/16~11/29	148.61 元 ×448 張	出	149.91×172 張
B 主力	11/18~11/29	149.51 元 ×734 張	買	151.37 元 ×38 張
C 主力	11/16~11/29	148.24 元 ×1300 張	買	152.59 元 ×5 張
D 主力	11/16~11/29	147.86 元 ×1315 張	買	149.54 元 ×156 張
E 主力	11/16~11/29	149.97 元 ×674 張	買	150.42 元 ×3 張
F 主力	11/16~11/29	147.59 元 ×932 張	買	150.42 元 ×4 張
G 主力	11/16~11/29	147.02 元 ×1413 張	買	149.72 元 ×82 張
H 主力	11/16~11/29	150.82 元 ×648 張	買	150.50 元 ×50 張
I 主力	四天	145.33 元 ×851 張	買	149.29 元 ×280 張
J 主力	四天	146.93 元 ×330 張	買	149.19 元 ×126 張

▶Point 06 三個當沖的多空雙向操作

經過我多日統計的結果，主力整體的平均成本已高達 148.18 元，所以我強調：我們買的價位比主力還便宜，160 元以上可分批賣出！賺十元就夠了！

說真的，既然主力成本都沒那麼高，我是不相信股價只會到 160 元的，

但是，要帶領讀者「買進又賣出」我實在很膽小，深怕讀者賠錢，所以寧可讓大家早點獲利了結，我才能心安。

2011 年 11 月 30 日發信的當天，我仍然把那天上午 10 時以前我的戰績公布（圖 1-10)，有的先買後賣，有的先賣後買，全部當沖完畢。每一筆都成功！請讀者們根據時間、價位，多加揣摩我的買賣點。我的目的不是炫耀，而是建立股市新手的信心，只要你肯用功，你就會是贏家！

例如當天的「創意」（3443）我買的價位是 99 元，賣的價位是 100 元，而到我發信的時間（上午 11 時 35 分），只剩下 97.1 元了。

又例如「華冠」（8101）買 19.1 元及 19.4 元，然後在 19.7 元全部賣光，而到我發信的時間，只剩 19.4 元了。

而「新日光」（3576）則是先用融券賣出 17.3 元，然後又用 17.1 元，小賺一點就回補了。到我發信的時候竟然漲到 17.75 元了。好危險！股市新手照我這樣操作，絕對失敗的，而我卻能迅速補回，立於不敗之地。這應該可以給您一點啟示吧！當沖的決斷力非常重要，否則非死即傷。

圖 1-10 11 月 30 日我的成交回報

（圖片資料來源：作者）

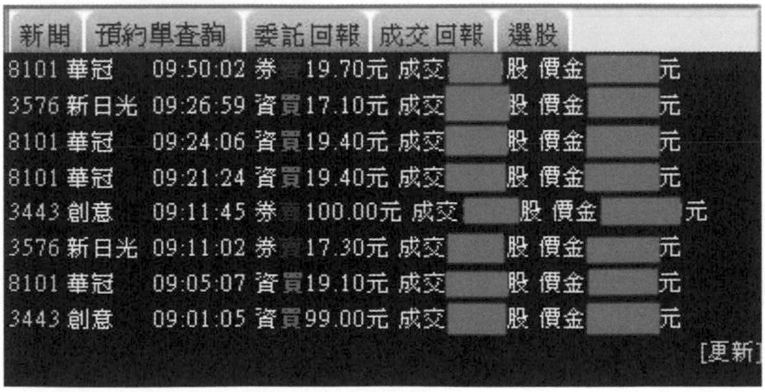

在這裡，我也讓大家知道什麼叫做「多空雙向」操作。像以上這樣有時先買後賣、有時先賣後買的做法，就是雙向操作的一種變化。我在寫信之餘，還同時操作「和泰車」（如同正規軍作戰）、三種股票的當沖（猶如游擊作戰），可以說是吃完大餐再吃三碟小菜，胃口是相當好了！

▶Point *07* 結論

這是我第一次回饋讀者，把我的研究成果做成「明牌」送給已經建檔的好讀者。純係好意、完全不收費的回饋行動。

感謝大部分讀者不論買了沒有，多半會回信告知買賣情況，有的讀者乾脆就把回信的主旨寫成「×××感謝函」，這是對的，如果你沒賺到錢，下次我怎麼敢再告訴你什麼研究成果呢？不過，當時我實在很忙，所有來信我都已經細讀很多遍了，恕未能一一即刻回覆，但我都會把回信存在特定的資料夾，有空就陸續個別回覆。

一、2011 年 11 月 30 日我在盤後做了功課，和泰車的籌碼計算出來了，十大主力有一半是呈現賣超的，所以 2011 年 12 月 1 日我開盤不久在 173 元全部賣光了。距離 142 元左右的成本，賺了 31.5 元。

二、11 月 30 日我為何一張都沒賣，是因為它的走勢比預估中的強。到了晚上做功課才知，當天 A 主力大買超達 5787 張，B 主力大買超 1283 張，就是這樣的結果才讓股價衝得這麼高，但也隱伏了未來殺出的危險，所以我研判隔天必有高價，但主力太多也有並不同步的情況，所以一定有人會賣股票。結果 12 月 1 日的走勢果然如此，衝高後就殺低。如果您無法如此研判，

可能就賣不到 170 元以上了，它最高是 173.5 元，但很快就殺到盤下再拉上來。所以懂不懂得利用籌碼研判主力可能的動作，有關鍵性的作用。這就是研判！在我看來，研判能力比知道籌碼細節更重要。

三、12 月 1 日大漲 274.57 點，其實也很難選股，所以我大約在 9 點 5 分就把其他的股票也全出清了，果然到上午 10 時 30 分，都還沒回到我的賣價。不過，現在重新看這檔股票，11 月 30 日那天的量也太大了，相較於 11 月 16 日的「量價俱揚」，算是超級大量，可以說是噴出行情的尾聲了。以後我們都得把超級大量的隔一天當成出清持股的日子。

四、雖然有小部分讀者感謝我為回饋讀者所推薦的「和泰車」大捷，可惜大部分讀者仍未大膽進場，一來是嫌「和泰車」價位太高，二來是擔心大盤不好，結果就在猶豫中錯失良機，三來是有太多自己的想法。其實有某些讀者告訴我他對行情的見解時，在我聽起來覺得是不成熟的。我私下認為如果投資人堅持那種看法，必然失敗，但基於禮貌，我還是沒這樣告訴他。奉勸投資新手要想當個股市贏家一定要捨棄自己的想法，屈就操盤成功者的思維，千萬不要一直停留在自己的思維中，不然您為什麼會輸掉 35 萬元？他為什麼會賠掉 25 萬？所以我們一定不要堅持自己的看法，要用贏家的思維去思考。贏家是比你更用功的人。

五、我是個技術派的股市操作者，基本面的價值理論一向是作為參考而已。在實戰中，學者的看法往往必須依賴「耐心」支撐（也就是常常被套牢，需要耐心等待）。所謂「和泰車」的價位太高，是依什麼理論呢？我的見解是：當主力敢買的時候，股價就不算高。這是一種「搏傻理論」（編按：見「股票獲利智典 1 －技術面篇」/ 方天龍著 /199 元 / 恆兆文化出版），也

就是「比傻理論」，但您認為主力傻不傻呢？

這正是贏家的理論。

回頭來看看，我第一時間建議讀者買和泰車的時候，是希望買在 150 元以下，有些讀者覺得價格太高了，那麼現在（2012 年 2 月 9 日，見圖 1-11）股價已經 174 元了，高不高呢？

六、有少數讀者寫信給我所問的問題，我在之前所寫的書中都已經講過了，可見得一般讀者並沒有真正用功。請不要偷懶，我自己每天都用很長時間在做研究。我的股票書已經寫得如此淺白露骨、絕不賣弄玄虛。如果仍然看不懂，那麼就請多從我其他的書去反覆研究推敲。股票的道理是可以觸類旁通的。有一位常常和我通信的讀者誇獎我，我的書「兩天可以看一本」，很清楚易懂的。這人讀過研究所，也是股市老手。不過，相對的，讀者中也有人仍摸不到精髓，那就不是我的問題，而是因為您是初學者，所以多看幾本就懂了。再不懂的話，仍可以寫信給我，告知哪一本書第幾頁、什麼地方不懂，我一定會真誠告知的。

以下，就把這次我的「明牌之旅」作一次總回顧！

請看圖 1-11，這是一次完美的波段操作。我在波段操作中，還能游刃有餘地同時玩玩其他股票的短線當沖；只要肯和我一樣下功夫，您早晚也會拿到股市「九經真經」的。請多揣摩我這波段的買進、加碼、賣出三部曲！

圖 1-11 和泰車 (2207) 日線圖

（圖片資料來源：XQ 全球贏家）

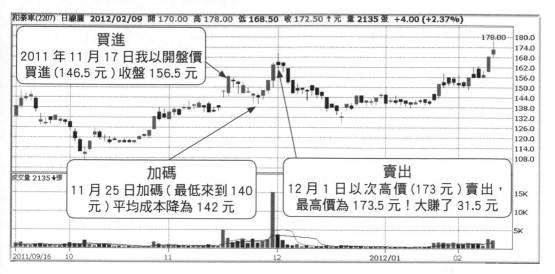

和泰車(2207) 日線圖 2012/02/09 開 170.00 高 178.00 低 168.50 收 172.50 ↑ 元 量 2135 張 +4.00 (+2.37%)

買進
2011 年 11 月 17 日我以開盤價
買進（146.5 元）收盤 156.5 元

加碼
11 月 25 日加碼（最低來到 140
元）平均成本降為 142 元

賣出
12 月 1 日以次高價（173 元）賣出，
最高價為 173.5 元！大賺了 31.5 元

Chapter 2

新方法

全面大漲時，避開短套的選股密技

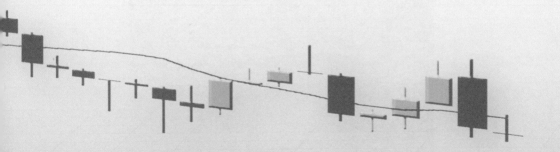

2012 年 1 月 30 日，無疑是投資台股的老手最關注的日子，因為這一天是農曆年過後的開紅盤日（所謂開紅盤日，指的是股市開市第一天，並不涉及漲或跌的結果），我們歷經 2011 年的大空頭行情，習慣作多的散戶最想知道的是：龍年能否行大運？有沒有可能改變命運、行情有利於作多？

筆者不願斷然臆測，直指 2012 年會是如何的格局，比較合理的做法應是多方觀察、且戰且走，光從一兩天的走勢是猜不出來的。

但是，2012 年 1 月 30 日價量俱揚（大盤漲 173 點、量 1407 億）的行情，卻使我們充滿了期待：

圖 2-1   （圖片資料來源：XQ 全球贏家）

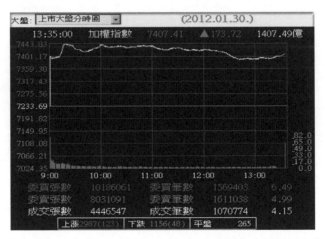

2011 年多半是開高走低的格局，筆者在《放空賺更多》（恆兆文化公司出版）一書中有深入的分析。而 2011 年的封關日是 7233.69 點，2012 年開紅盤日這一天，一開盤是 7382.72 點，大漲了 149.03 點；當天最高還衝高到 7443.03 點，大漲了 209.34 點。雖然到了收盤，只大漲了 173.72 點，回到 7407.41 點。但這已經彌足珍貴了。因為 2011 年農曆年後的開紅盤日，在技術線型是「三隻烏鴉」，而 2012 年卻是「連六紅」（首日漲幅 2.04%，

次日漲幅 1.48%，第三天漲幅 0.43%，第四天漲幅 1.37%、第五天漲幅 0.29%，第六天漲幅 0.86%），情況可就不同了。第三天開始量能雖然趨緩，但向上的趨勢似乎沒那麼快結束。以第六天的最高點 7787.89 點測量，已經有 554 點的漲幅（7674.99 點～ 7233.69 點）！許多專家都認為在總統大選後會漲三百點，但事實顯然已經超出大家的預期。何況在第七天只小跌一點點，就繼續向上攻堅了！

從這樣的趨勢看，2012 年和前一年的趨勢已有改變，投資人的操盤策略絕對不要執著，要懂得靈活運用，隨時跟著大盤變化而變化才行。

但是，我們要關心的不是這個，而是當今後再碰到類似這樣的大漲行情，如果手上有股票，應怎麼操作呢？空手的人又該如何介入選股呢？

我相信作多的人一定有這種感覺：滿桌的佳餚，不知如何下筷子？強勢股紛紛攻上漲停。是追呢？還是不追？去年被套怕了的人最難下決定了，這抉擇之間是非常重要的時刻。我就以 2012 開紅盤日為範例，告訴讀者該如何操作！

未來讀者若再碰上類似的大漲行情（例如出現超級動人的利多），就可以派上用場。這就好比學跆拳道，通常也從「型」開始打起；又好比軍事演習，也是虛擬一些情境、擁有假想敵，先自行沙盤推演，到了戰爭真正發生時就可以得心應手了。

▶ Point *01* 開紅盤日的股市背景分析

一、選舉結束，股市「不確定的因素」少了一項，所以作多。

二、馬英九勝選，一般認為符合「安定」的期望，所以偏多。

三、行政院長人選確定，於是有所謂「陳沖行情」，當然偏多。

四、融資餘額，先前已經過了大減肥，所以看多。

由於這四個原因，再加上全球並沒有大跌的訊息，以及融資處於 1700 至 1800 億元的低檔區，融券則處於 70 萬張左右的高檔水準，所以開紅盤日跳空走高之後，就有軋空、軋空手的行情正式啟動。最後，台股創下 12 年來新春開紅盤日漲幅最高紀錄，台股總市值回升到 20 兆元，達到 20.15 兆元。

▶Point *02* 現身說法

2012 年 1 月 30 日這天，我手上的庫存股票只剩下「太子」（2511）十張。這是封關日（1 月 18 日）買的，用融資買，只花了七萬多元的資金抱股過年，所以這樣的操作，正好讓小散戶或年輕的上班族作為參考。雖然不到十萬元的資金，但操作得好，一樣可以賺錢。

當天我在網路下單時，只用了卅多分鐘，就告一段落了。這就是我的看盤理念：盤前、盤後花時間研究，盤中就不必苦苦廝守著電腦螢幕。上班族如果把筆者的功夫學去，也可以在非常有限的「看盤」時間裡，輕輕鬆鬆玩短線，而不必擔心被老闆發現。

現在，就以我的交易動作來說明。當天我的進出動作就只有兩項：

一、上午 9 點 0 分 46 秒先賣出 3 張太子。上午 9 點 04 分 04 秒，再把剩下的 7 張全出清。

二、上午9時33分42秒買進廣宇7張，價位是25.05元。（換股操作）

圖 2-2

（圖片資料來源：作者）

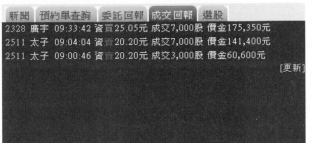

以下是我正式的成交明細單：

圖 2-3

（圖片資料來源：作者）

個人帳戶－投資明細

帳號：　　　　　　　　　　　　　　　　　　　　　　　　　　　　　　　登出

時間範圍：今日　　　　　　　　　　　　　　　　　股票代號　　　　　查詢

交易日期	委託書號	股票名稱	交易種類	股數	單價	成交金額	手續費	交易稅	淨收金額(+)淨付金額(-)	自備款擔保品	融資金額保證金	融資利息	融券手續費	標借費	利息代扣稅款
2012/01/30					小計	377,350	536	605	12,263						
01/30	X0148	[2328]廣宇	資買	7,000	25.05	175,350	249	0	-70,599	0	105,000	0	0	0	0
01/30	Y0073	[2511]太子	資賣	7,000	20.20	141,400	201	424	58,604	0	82,000	171	0	0	0
01/30	Y0032	[2511]太子	資賣	3,000	20.20	60,600	86	181	24,258	0	36,000	75	0	0	0

成交總金額：377,350　　　手續費總金額：536　　　交易稅總金額：605　　　淨收付金額總計：12,263

當手上的持股（太子）賣光之後，我計算了資金，如果買廣宇，大約可買7張，還有多餘的錢可取回（看正式的成交明細單可知，取回了12,263元），所以廣宇一經成交之後，我就去睡覺了（前一天通宵研究股票，累了）。

一覺醒來，已經收盤。鑑定一下，所有的操盤動作都是正確的，買賣結果完全照我的劇本走：

❶賣掉太子的價位是 20.2 元，收盤時只剩下 19.5 元（平盤）。在這麼好的行情中，賣出後有這麼大的差價，這動作顯然是漂亮的。

❷買進廣宇的價位是 25.05 元，收盤時已來到 25.5 元（漲幅 5.37%），相對於次日來說，是相當安全的買點，甚至可說已穩賺了。

▶Point *03* 贏家思維

一、為什麼開盤就賣「太子」？

答：因為我在做功課時，從籌碼的計算中，發現有一位主力很少買賣「太子」，卻在 2012 年 1 月 17 日，買了 1000 多張，我研判是為了「抱股過年」。所以，一旦過了年，一定會賣出的。因為他不像是長期計畫（這就是研判！）。所以儘管「太子」的技術線型在封關日（2011 年 1 月 17 日）都還不錯，甚至已經是「連三紅」了，我仍不看好開紅盤日這檔股票的走勢。

事後證明，這位主力果然在過完年之後的第一天，立刻賣掉手上的持股。正是因為他手上的股票數量這麼龐大，才會把股價打到這麼低（別忘了，當天大盤大漲 173 點）。

我一直認為股市中的「研判能力」是最重要的。研判主力的動作，比知道技術線型更重要。因為線型是主力用資金畫出來的。想成為贏家，一定要有足夠的「研判」智慧。否則即使有再專業的股票軟體，如果不會用或不懂得「研判」，也是徒然的。

二、當你不看好一檔股票時，都是怎麼操作的？

答：如果想賺差價，可以先融券賣出後融資買回做「當沖」，也可以直接賣掉不回補，然後換股操作。而以「太子」來說，我是選擇後者。

我先在盤前掛 20.2 元賣三張，是避免失去時機。這三張就是「試盤」。如果賣錯了，我還有更高價可以賣掉剩下的七張；如果賣對了，說不定就是賣到最高價。因為根據我的經驗，有時你看到開盤的超高價，接著，第二筆交易就出現了：大單賣出！你那時就是用市價（跌停板價）賣，也根本賣不到高價了。

三、在盤前掛價，為什麼選擇 20.2 元這樣的價位？

答：既然我認為主力「出貨」，一定會拉高再出。所以我選擇 4% 漲幅的位置（19.5 元 ×1.04 ＝ 20.28 元）出股票，但因觀察國際股市平平，於是就降到 20.2 元（大約 3.6% 漲幅）的位置。

開盤 19.5 元，沒成交。但大盤的買賣張數顯示當天台股應該不錯，所以就不改價，靜候股價拉高。同時，我還在觀察以下三件事：

❶什麼類股是主流？❷太子的量價演變。❸與太子同一類股的「領頭羊」動作。結果在兩、三分鐘之內，答案出來了。當天的主流類股，不是傳統產業類股，而是電子股。所以，太子就該賣。這使我下定決心換股操作，而不是選擇「先賣後買」的當沖！其次，太子的量能不夠，以致「買力」明顯輸給「賣力」，所以太子就更該賣！最後，與太子為同一類股的領頭羊「日勝生」（2547）衝上漲停板後就下來了，這也暗示著賣出太子，不必考慮買回，因為由此可評估為天的營建股不會好到哪裡去。

經過觀察，我的操盤決策就出來了：積極賣出！所以，當太子一度衝上 20.35 元時，我完全不動心，反而是積極掛價賣出！最後，20.25 元、20.3 元都不好賣，更證明此股會有大殺盤，於是我以市價出掉了，結果和開盤掛價一樣，成交在 20.2 元。

<u>圖 2-4 日勝生 (2547) 分時走勢圖</u>　　　　　　　　　　（圖片資料來源：作者）

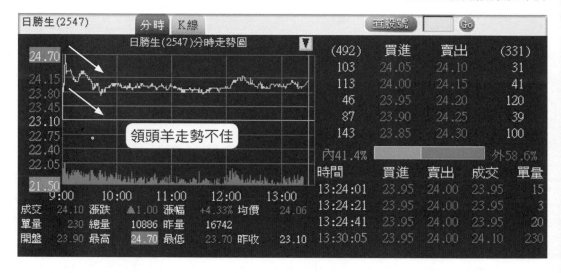

<u>圖 2-5 太子 (2511) 分時走勢圖</u>　　　　　　　　　　（圖片資料來源：作者）

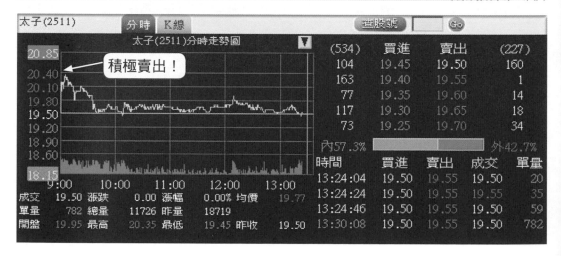

四、決定換股操作，為何選「廣宇」呢？

答：在盤前就已經做過功課了，我鎖定的是以下五檔股票：❶「力鵬」（1447）或「力麗」（1444）。❷集盛（1455）。❸華寶（8078）。❹鴻海（2317）。❺奇美電（3481）。

理由如下：

❶買「力鵬」或「力麗」，原因是相同的，都是業績股。但在「股性」上卻有所差異。我在盤前已經決定選「力鵬」而非「力麗」，就是基於對「股性」的了解。「股性」是沒有教科書教你的，一般高手憑恃的就是他對股性的了解，而成為其最可靠的操盤資產。我認為「力鵬」的籌碼比較穩定，波動較小；「力麗」太多人玩，波折較多。到最後，這兩檔股票往往變成「力鵬」先漲停，「力麗」才跟進；或者，兩者同時漲停，多半是「力麗」先打開。當然，這是筆者個人的看法，一旦有太多人發現或太多人有共同的認知，那麼如此的「經驗值」就會不靈了。

❷集盛：尼龍加工絲春節忙加班，接單滿載，龍年業績可望開大紅盤。迎接石化原料新一波漲勢，台聚等十多家石化廠都傳出，今年春節不打烊，均維持滿載水準運轉；而下游化纖業力鵬、集盛受惠急單湧現，同樣不停工，市場預期泛用樹脂及化纖上下游 2012 年第一季營運可優於上季表現。

❸華寶：手機機殼廠華寶第四季營收 109.5 億元，季增 513%，第四季手機出貨 150 萬支，ASP 約 240 美元。華寶尾牙透露幾點看法，2011 年無法轉虧為盈，第一季手機出貨量較第四季成長，2012 年手機目標數近千萬支，法人預估，全年 EPS 達 2.8 元。

華寶（8078）是智慧手機代工廠，2012 年智慧手機可望有三成成長，出貨動能有所支撐。看好理由：華寶切入諾基亞微軟作業系統 WindowsPhone7.5 供應鏈，今年看好在美國與中國有所表現，全年出貨量將大增至 960 萬台，超越去年的逾 300 萬台，營收規模將大幅攀高。

❹鴻海：我不會想買鴻海，因為它如果大漲，要用的資金可真不小。但是，今年的鴻海卻是「外資」的買超股，值得作為觀察的標的物。如果要飆漲，鴻準、正達或廣宇、建漢，都比它有機會。至少輕、薄、短、小一些。

❺奇美電：本來不是強勢股，但由於有一些利多，會促使其股價上漲。首先是：松下 TV 對台灣釋出訂單，奇美電全包了。同時，該公司規劃在 2012 年 2 月中旬召開董事會，推選新任董事長，以完成與銀行團的債務協商。外界預期，新任董事長將由鴻海集團人馬擔任，有了鴻海集團的加持，對奇美電未來營運將有正面幫助。在農曆年前，已經與全體債權金融機構，完成債權債務協商會議，並達成初步共識，進一步的細節將待農曆春節後研商敲定。從基本面來看，奇美電受惠液晶電視、超輕薄筆電、智慧手機與平板電腦等產品的需要，將在農曆春節後陸續推出新產品，那麼面板廠產能的利用率就會回升了。

我們再從數據來看，奇美電 2011 年 12 月合併營收達 468.54 億元，月增 8%，大尺寸面板出貨量 1,299.6 萬片，月增 7%，雙雙創下 2011 年單月新高紀錄，表現優於面板同業。

五、為什麼以上這些前天晚上做功課鎖定的股票，結果一檔股票都沒有買，反而買了完全不在計畫中的廣宇呢？

答：重點來了。這就是「研判」與「抉擇」的技巧。由以下附圖可知，每一檔股票都在我處理好「太子」之後，即將漲停。我該追嗎？

圖 2-6 力鵬（1447）分時走勢圖 　　　　　　　　　　　　（圖片資料來源：作者）

圖 2-7 集盛（1455）分時走勢圖 　　　　　　　　　　　　（圖片資料來源：作者）

圖 2-8 華寶 (8078) 分時走勢圖

（圖片資料來源：作者）

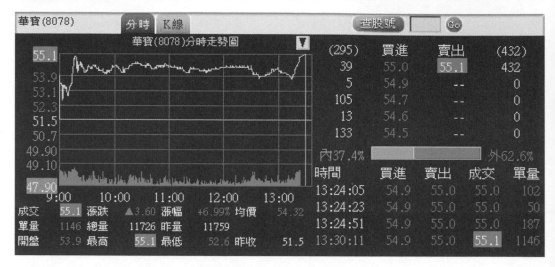

圖 2-9 鴻海 (2317) 分時走勢圖

（圖片資料來源：作者）

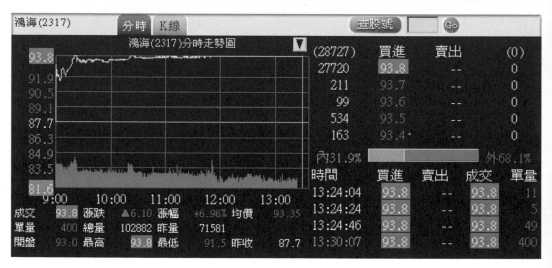

圖 2-10 奇美電(3481)分時走勢圖

（圖片資料來源：作者）

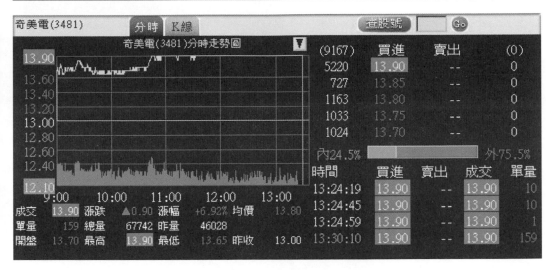

　　這就是為什麼大漲行情中，並不一定好選股的原因。

　　當大盤大漲時，雞犬升天，常常在高檔時隱藏著殺機，選錯了股票很容易遭到短套。所以，選股的策略就得格外重要。有人說，那就休息一天吧！這也對，激情不可能持續很多天的，但是按照人之常情，通常投資人會「手癢」，那就介入吧！基本上，大漲時的選股策略如下：

一、已經太高了的，不妨放下：

　　我認為大盤大漲，就不必追。明天會續漲的股票，今天就會跳空漲停了，那才是最強的。而這樣的股票是主力決定的，你根本來不及介入。

　　例如我原本鎖定的這五股票，都開得非常高，同時似乎都隨時即將漲停，就是俗稱的「已經沒有肉」了，是吧？有一些股市老手專門愛買漲停板的股票，甚至說「只買漲停板」的股票，其實這裡頭仍有學問的。那就是必

須先搞清楚這個漲停板是如何造成或產生的。因為有時是人為造成的。有人故意用龐大的資金買上去的,隔一天就全部倒出來。這樣的股票騙不了懂得計算籌碼的真正高手,可是散戶往往被騙得團團轉。

二、一直在低檔的,也不考慮:

有企圖心的股票,在大漲中,基本上都會力爭上游,不該向下看。除非它心中藏著「先蹲再跳」的念頭。就是說,這位主力在大漲中故意壓低股價,不隨著大盤起舞。當大家都活潑蹦跳的時候,它在蓄勢待發的潛伏中。等股價壓下來之後,次日再攻。這種股票當然例外。否則一般是不必考慮一直處在低檔的股票。因為一直在低檔的,意味「本質」不好,在股市環境好的時候,誰理它呀!好股票都來不及買了,還買你!

三、先作類股比較,觀察族群:

要看當天誰是主流,最簡單的方法就是比較類股的漲幅及資金比重。傳統類股和電子類股是兩大陣營。資金不會同時流向兩大陣營。一般來說,電子類股有表現時,在大盤中的資金比重至少應該在七成。金融股漲時,常常帶動營建類股。開紅盤日那天,我就是觀察到主流類股的表現是在電子,而非金融類股。所以賣掉營建類股的太子,然後關注著電子類股的動態。

四、再看集團表現,誰最亮麗:

在筆者所著的《放空賺更多》一書第77頁中,有一張所有上市公司「集團股」的總表,筆者花了很多時間把各集團所包括的相關股票,以及它們分

別「屬於上市的？上櫃的？什麼類股？」的資料，全部一網打盡了，非常值得參考。這樣的表格在操盤時是非常重要的必備工具。請不要等閒視之。以今年開紅盤日的情況來看，筆者就得力於此一表格。因為我首先發現，當天是電子股的天下，接著就看哪一個集團表現最好。我在極短的時間內判斷出「鴻海集團」的表現最佳。於是就把鴻海集團的所有成員都請出來：

表 2-1

電子股	2317 鴻海、2328 廣宇、2354 鴻準、2392 正崴、2465 麗臺、3062 建漢、3481 奇美電、3501 維熹、3508 位速、6121 新普、6150 撼訊、6287 元隆、6298 崴強。
興櫃股票	3149 正達、3413 沛鑫、4969 兆晶、5231 鑫晶鑽。
香港上市	2038 富士康國際。

最後，我發現建漢和廣宇這兩檔股票剛好合乎以上第一、二條的法則。於是，就從這兩檔股票來作抉擇。這兩檔股票，很難說誰較有飆勁，有時是建漢，有時是廣宇。最好是當場比較一下它的漲幅吧！結果當天是廣宇優於建漢。於是筆者決定在低檔買廣宇。就這麼完成選擇了。

以上說的這麼詳細，其實真正在抉擇往往只在「瞬間」而已。所以，訓練有素的操盤者平常就要把功力練熟，臨場才不會失去時機。

現在，來看看我買股票的時間位置吧！這可是買賣點非常明確的實戰記錄，而不是投顧老師信口雌黃地在電視上指著最低點說：「我們買在這裡！」然後指指最高點說：「我們賣在這裡！」──然後，投顧會員們每人每月三萬元的會員會費就這樣落袋了！^_^

圖 2-11 廣宇（2328）分時走勢圖

（圖片資料來源：作者）

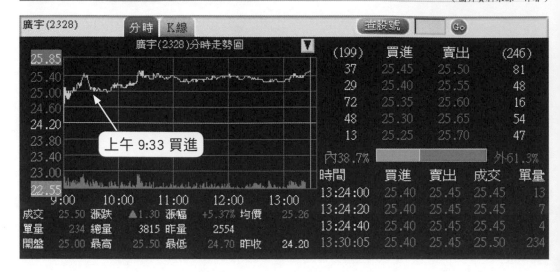

廣宇當天不是最強的股票，所以我有覺得「還有肉可吃」。只要慎選低檔介入，萬一漲停甚至都可以軋掉。然而，它並未漲停。但我並沒失望，因為它的最後一筆交易是往上的（圖 2-11），外盤成交。

這一點是最令我心安的重要因素；如果是跌的，隔天就不會有好的表現。

接著看看廣宇第二天的走勢（圖 2-12），證明筆者前一天是買對了。它很快就拉漲停了。

不只如此，廣宇第三天的走勢，又是一根漲停（圖 2-13）。

第四天，沒續拉漲停，筆者就把它賣了。因為股價已經跨過 30 元，一算漲幅已經 21.35%，才四天就賺兩成了，就別貪了吧！

各位散戶朋友們，選股是不是很簡單呢？

圖 2-12 廣宇（2328）分時走勢圖

（圖片資料來源：作者）

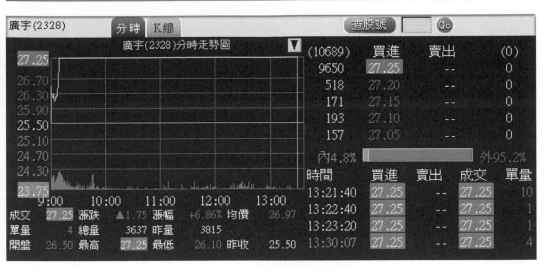

圖 2-13 廣宇（2328）分時走勢圖

（圖片資料來源：作者）

強勢多頭，軋空
來不來？就看券
資比

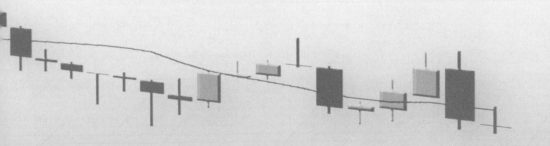

有些股市新手不知道「券資比」是什麼，有些知道「券資比」是什麼，但卻備而不用，以致寶貝生銹了。

　　為什麼說「券資比」是寶貝呢？因為「使用融資的人」意味著看好後市的人，「使用融券的人」則是指看壞股市的人。看好後市的人和看壞股市的人在「拔河」，就是「券資比」的意思。用比較專業的術語來解釋，券資比就是：「融券餘額張數」除以「融資餘額張數」的數據。

　　「券資比」不像「拔河」那麼單純。

　　「券資比」是一種非常犀利的股市「研判」工具。如果券資比升高，代表在同一時期，融券張數的增加速度大過於融資張數的增加速度，當融券餘額慢慢接近融資餘額時，市場上就可能出現軋空行情的炒作題材。

　　至於什麼叫做「軋空」呢？使用融券放空股票的人，就是預期股價將會下跌，然後低價回補獲利；萬一股價不跌反漲，那麼使用融券的人無法低價回補，甚至面臨必須高價回補的壓力，這就稱為軋空。

　　「軋空」之外，還有一種叫做「軋空手」，也就是「手上沒有股票或只有一兩張的人被軋了」，因為大盤行情突然意外地一直急漲，空手者簡直「急死了」，這就是所謂的「軋空手」。我們未必被「軋空」，但一定有被「軋空手」的經驗，對不對？這種情況在「底部反彈時」最為明顯。當空頭氣焰囂張、股價持續下跌時，投資人看壞後市，一路減碼。等到股價觸底反彈之後，投資人通常信心依然不足，總認為股價初步反彈後還會下跌，所以一般人都會繼續減碼，或是遲遲不敢進場買進，不料股價卻一路上漲，投資人想回補或追進又猶豫不決，這樣的結果就形成「空手者被軋空」的情況，就是「軋空手」。

▶ Point 01 不要相信「券資比」數據，要重視它的變化

其實，「軋空」通常是主力大戶針對散戶預期心理（股價將會回檔）所設計的陷阱。

一般是股價拉抬到一定程度後，讓股價略微下跌，散戶可能預期股價將進一步下跌，於是短多出場、空頭加碼放空，此時主力大戶再進場拉抬股價，逼使空頭高價回補（軋空）、空手的多頭搶進（軋空手），進一步推升股價，形成所謂的軋空行情。

這就是所謂的「誘空」！

引誘你放空，然後軋死你。

股市新手看大盤激漲時，最喜歡問「會不會有軋空行情」。

基本上，從技術分析的眼中來看，大盤是否會出現軋空行情，主要須留意是否會出現如下的現象：

1. 大盤整體融券餘額張數除以融資餘額張數達 4% 以上；

2. 整體融券餘額張數達 100 萬張以上；

3. 要有高融券餘額個股，領先展開個股軋空行情。

如果同時出現上述現象，市場上就會有人開始預期可能出現軋空行情，如果整體市場的券資比率愈來愈高，炒作軋空行情的可能性也隨之大增。

現在，我們從圖 3-1 的週 K 線圖來看，去年（2011 年）的大盤有一個高低的重要轉折點，就在 8 月。

8 月 1 日以後，股價就每況愈下――

圖 3-1 加權指數 週 K 線圖

（圖片資料來源：XQ 全球贏家）

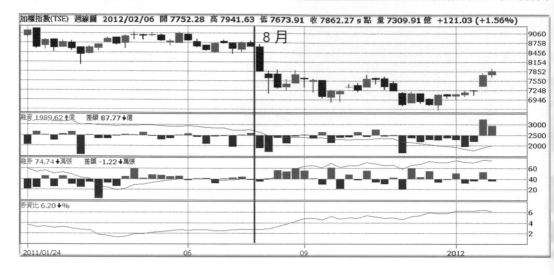

▶Point *02* 研判軋空行情，應有一套新的思維模式

現在，我把這張大盤的券資比（表 3-1）加以「驗證」（註：驗證一向是我最尊敬的老師），並說明研判券資比的四個要點：

一、單日單週的數據不重要，要看波段的資料：

軋空有小軋空，也有大軋空。「大盤整體融券餘額張數除以融資餘額張數達 4% 以上」是一般教科書上的說法，但未必是投資金律，頂多只是「鐵則」而已，如果股市新手不懂得變通、不會靈活看待行情，「鐵則」就會生銹，令您失望。

所以，根據筆者的經驗，重要的不是它此刻是多少的數據。這個數據常常造成股市新手的迷思。例如我常常接讀者的來信說：方老師，您認為「券

資比」多少才會有軋空行情？我知道，他要問的就是數據。他以為只要抱持這個數據，就可以打天下了。一旦他碰到挫折，他又會來問你「老師，你不是說大盤整體融券餘額張數除以融資餘額張數達 4% 以上，就有軋空行情了嗎？怎麼我一買股票就被砍？」哈哈，股市新手就是這麼可愛！總是用最單純的心去面對險惡的股市。所以，我要告訴您一個秘訣：不要相信「券資比」的數據，要重視它的變化，尤其是一大階段的變化。

二、每個時期的量能都不同，數據只能作參考：

整體融券餘額張數達 100 萬張以上的數據，絕對準嗎？當然只是滿足「股市新手喜歡確定的知識」的一種統計，但筆者認為所有的數據未經「驗證」之前，都要把它當成「參考資料」，「盡信書，不如無書」的說法，指的不是書是錯誤的，而是讀者是錯誤的。尤其股票投資是賭機率的。統計數字只是操盤的參考數據而已。投資人本身要有另外的思考模式，才會成為贏家。

三、券資比與指數連動關係，並非絕對的精準：

我們看看表 3-1，我隨便挑一段來「驗證」一下，就可以發現：券資比一跌，大盤指數就下來；券資比一升，大盤指數就上來。從 2011 年 9 月 19 日開始，到 2011 年 11 月 7 日都十分精確，頗令人驚異。但是，2011 年 11 月 14 日就不對了。再看，2011 年 11 月 21 日及 11 月 28 日這兩週，又很準；可是下面的兩週，12 月 5 日和 12 月 12 日又不準了。所以，不要想從一個數據來決定一切操作動作。

四、比較長期券資比的變化，才決定是否軋空：

從表 3-1，我們也看出，從去年（2011 年）2 月 8 日那一週最高點 9220 點下來以後，大盤一直活在 1%、2%、3% 的券資比中，直到該年 8 月底才開始有 4% 以上的券資比；到了該年 11 月底才有較明顯的 5% 左右的券資比；到了今年初，從第一週開始就步入軋空的戰區了，6% 相對於去年一整年來說，是不是算「高券資比」的時候了？是的！軋空行情就開始了！什麼時候開始斬殺不認輸的空頭呢？就是當有高融券餘額個股，領先展開個股軋空行情的時候。

必須記得的是當有軋空行情的時候，才去注意有沒有一直軋空的個股，而不是看到有某一檔高融券餘額個股一直軋空，就以為有軋空行情了。因為個股的表現是主力扮演的，也許「有假」，您必須先聽聽大盤「怎麼說」（記得嗎？我在別的書上說過，大盤最大！），然後才去找什麼是最飆的個股。

恆兆文化有限公司 · PCHOME . 商店街

網址：http://www.pcstore.com.tw/book2000/

歡迎上網訂購

表 3-1：從 2011 年 1 月～ 2012 年 2 月的每週券資比

時間	收盤價	融資	差額	融券	差額
2011/1/24	9145.35	3156.65 億	-87.99 億	59.78 萬張	-7.10 萬張
2011/2/8	8609.86	3187.05 億	30.41 億	53.54 萬張	-6.24 萬張
2011/2/14	8843.84	3190.87 億	3.82 億	55.80 萬張	2.26 萬張
2011/2/21	8599.65	3143.76 億	-47.10 億	50.31 萬張	-5.49 萬張
2011/3/1	8784.4	3157.55 億	13.79 億	52.53 萬張	2.22 萬張
2011/3/7	8567.82	3190.94 億	33.39 億	48.85 萬張	-3.68 萬張
2011/3/14	8394.75	3012.18 億	-178.76 億	42.90 萬張	-5.95 萬張
2011/3/21	8610.39	3016.70 億	4.52 億	41.00 萬張	-1.90 萬張
2011/3/28	8705.13	2986.44 億	-30.26 億	26.79 萬張	-14.20 萬張
2011/4/6	8894.54	2956.90 億	-29.53 億	24.29 萬張	-2.51 萬張
2011/4/11	8718.12	2952.32 億	-4.58 億	19.04 萬張	-5.24 萬張
2011/4/18	8969.43	2959.05 億	6.73 億	21.04 萬張	2.00 萬張
2011/4/25	9007.87	2960.31 億	1.26 億	28.84 萬張	7.80 萬張
2011/5/3	8977.23	2990.33 億	30.02 億	29.53 萬張	0.69 萬張
2011/5/9	9006.61	2987.43 億	-2.90 億	32.64 萬張	3.11 萬張
2011/5/16	8837.03	2950.19 億	-37.24 億	35.65 萬張	3.01 萬張
2011/5/23	8810	2925.83 億	-24.37 億	37.65 萬張	2.00 萬張
2011/5/30	9046.28	2926.65 億	0.82 億	39.73 萬張	2.08 萬張
2011/6/7	8837.82	2943.14 億	16.49 億	39.04 萬張	-0.69 萬張
2011/6/13	8636.1	2930.64 億	-12.49 億	39.44 萬張	0.40 萬張
2011/6/20	8532.83	2851.68 億	-78.96 億	40.18 萬張	0.74 萬張
2011/6/27	8739.82	2842.02 億	-9.67 億	37.11 萬張	-3.07 萬張
2011/7/4	8749.55	2837.57 億	-4.44 億	37.18 萬張	0.07 萬張
2011/7/11	8574.91	2729.12 億	-108.46 億	38.09 萬張	0.91 萬張
2011/7/18	8765.32	2731.74 億	2.62 億	39.85 萬張	1.75 萬張
2011/7/25	8644.18	2753.15 億	21.41 億	39.84 萬張	-0.01 萬張

券資比	註解
3.60%	
3.21%	9220 點是最高點
3.34%	
3.05%	
3.18%	
2.95%	
2.71%	
2.60%	
1.72%	
1.57%	
1.23%	
1.37%	
1.87%	
1.91%	
2.11%	
2.32%	
2.47%	
2.61%	
2.57%	
2.61%	
2.68%	
2.49%	
2.49%	
2.61%	
2.72%	
2.71%	

時間	收盤價	融資	差額	融券	差額
2011/8/1	7853.13	2635.26 億	-117.89 億	38.37 萬張	-1.47 萬張
2011/8/8	7637.02	2478.01 億	-157.25 億	38.71 萬張	0.34 萬張
2011/8/15	7342.96	2457.22 億	-20.78 億	45.02 萬張	6.31 萬張
2011/8/22	7445.1	2383.60 億	-73.62 億	50.44 萬張	5.42 萬張
2011/8/29	7757.06	2376.36 億	-7.24 億	58.26 萬張	7.82 萬張
2011/9/5	7610.57	2378.03 億	1.67 億	64.45 萬張	6.19 萬張
2011/9/13	7577.4	2347.54 億	-30.48 億	64.92 萬張	0.47 萬張
2011/9/19	7046.22	2374.24 億	26.70 億	61.10 萬張	-3.82 萬張
2011/9/26	7225.38	2304.29 億	-69.95 億	69.41 萬張	8.31 萬張
2011/10/3	7211.96	2284.08 億	-20.21 億	62.22 萬張	-7.18 萬張
2011/10/11	7358.08	2266.08 億	-18.00 億	65.52 萬張	3.29 萬張
2011/10/17	7254.51	2293.39 億	27.31 億	64.86 萬張	-0.66 萬張
2011/10/24	7616.06	2281.01 億	-12.38 億	70.84 萬張	5.98 萬張
2011/10/31	7603.23	2332.29 億	51.28 億	68.60 萬張	-2.24 萬張
2011/11/7	7367.29	2324.38 億	-7.91 億	65.00 萬張	-3.60 萬張
2011/11/14	7233.78	2320.76 億	-3.62 億	66.00 萬張	1.00 萬張
2011/11/21	6784.52	2154.63 億	-166.13 億	58.45 萬張	-7.56 萬張
2011/11/28	7140.68	2131.75 億	-22.87 億	66.38 萬張	7.93 萬張
2011/12/5	6893.3	2071.51 億	-60.24 億	67.51 萬張	1.14 萬張
2011/12/12	6785.09	2028.67 億	-42.84 億	73.24 萬張	5.73 萬張
2011/12/19	7110.73	1981.67 億	-47.01 億	70.83 萬張	-2.41 萬張
2011/12/26	7072.08	1958.19 億	-23.48 億	70.76 萬張	-0.07 萬張
2012/1/2	7120.51	1916.44 億	-41.75 億	74.76 萬張	4.00 萬張
2012/1/9	7181.54	1810.10 億	-106.35 億	71.97 萬張	-2.79 萬張
2012/1/16	7233.69	1754.22 億	-55.88 億	70.81 萬張	-1.16 萬張
2012/1/30	7741.24	1901.85 億	147.63 億	75.96 萬張	5.15 萬張
2012/2/6	7862.27	1989.62 億	87.77 億	74.74 萬張	-1.22 萬張

券資比	註解
2.70%	8 月 1 日起，大盤即急劇下墜，跌落 8000 點以下。
2.83%	
3.32%	
3.74%	
4.31%	券資比在 4% 以上，有小軋空的成績。
4.75%	
4.83%	
4.52%	券資比一跌，大盤指數就下來。
5.21%	券資比一升，大盤指數就上來。
4.69%	券資比一跌，大盤指數就下來。
4.94%	券資比一升，大盤指數就上來。
4.89%	券資比一跌，大盤指數就下來。
5.35%	券資比一升，大盤指數就上來。
5.11%	券資比一跌，大盤指數就下來。
4.86%	券資比一跌，大盤指數就下來。
4.93%	
4.59%	券資比一跌，大盤指數就下來。
5.20%	券資比一升，大盤指數就上來。
5.39%	
5.90%	
5.76%	6609 是最低點
5.81%	
6.23%	進入 6% 之後，軋空行情開始了
6.26%	漲
6.29%	續漲
6.42%	再漲
6.20%	又漲

「放空賺更多」是否改變了？是的

2012年行情是否將不同於2011年的悲情？是的，我從圖3-2即可看出，軋空行情已經明目張膽地進行了，在本書「第2篇全面大漲，如何選股不被短套？」一文，就已經分析過。2011年農曆年後的開紅盤日，在技術線型是「三隻烏鴉」，而2012年卻是「連六紅」（首日漲幅2.04%，次日漲幅1.48%，第三天漲幅0.43%，第四天漲幅1.37%、第五天漲幅0.29%，第六天漲幅0.86%）。

圖 3-2 加權指數 (TSE) 日線圖　　　　　　　　（圖片資料來源：XQ全球贏家）

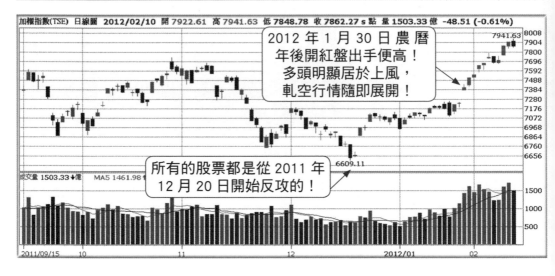

做股票，就是要懂得即時反應，因時制宜、隨機應變，才能制敵機先。有一句話說：「假如你只有一套工具，就習慣什麼都依賴它。」好比你只有一把鎚子，就什麼都靠它釘東西，那你一定無法解決很多裝潢的事務。所以一個人，「至少要有兩把刷子」，才能無往不利。另外，「狡兔三窟」也是

告訴我們，要有多條的逃生路線，才會安全。

我很高興經過一大段我與讀者之間的互動，比較有來往的讀者已能舉一反三、靈活應變了。

以下是我回覆讀者信件的內容，類似的讀者來信相當多，為了節省篇幅，我只選用一封作代表。在此，也順便提醒想寫信給我的讀者：筆者通常不太理會匿名信的，其次，我會請讀者說出他為什麼買某一檔股票？他買的理由是什麼？他自己看好或看壞？為什麼？

這不是刁難讀者，而是「授人以漁」，當老師的一定要看清楚學釣魚的人姿勢是否正確、魚池的時間地點是否選擇適當，再行指導，學生的印象才會深刻。否則隨便用一個假名，丟出一檔股票，劈頭就問：「老師，你覺得這檔股票怎麼樣，可以買嗎？」我一定不會理會的。

收過筆者回信的讀者，應當對筆者的熱情有深刻的印象，我常常是你寫兩百字，我可能寫一千字回你。這就是因為我覺得您用功了，我希望您成功。

現在我們來看看這位聰明讀者的思維：

【w 讀者來信】

方老師：

最近好久沒看到你的部落格有新的文章，老師一定很忙！

老師最近有要出書嗎？好想再拜讀老師的書喔！

過年期間，我無法使用到電腦，都無法跟老師拜年！祝老師新年快樂喔！

我近期操作一支股票 6147(順邦)，我把 2011/10/21 的低點

和 2011/11/28 的低點連接起來；再把 2011/11/15 的高點和 2011/12/05 的高點連接起來，形成一個收斂三角形，而我並沒有在噴出的時候買進，也就是 2012/1/10，因為我怕有選舉因素，都空手以待。

我在 2012/1/18 才進行買進，買進價位是 34.95 元，我在 2012/2/04 進行賣出，賣出價位是 36.55 元。我覺得我這樣操作應該是錯誤的，可能是因為大盤好，我才有出手的好價位。否則，大盤漲了六天，這支股票都不太動，大盤開春連六天開紅盤，今年是否是個作多的一年，與《放空賺更多》這本書一開始講的情況相反，我是這樣套用過來、這樣理解的。不知對不對？請老師幫我解答！

我在 2012/02/06 買進 1216(統一)，價位是 43.15 元，昨天在最後半小時有漲一波，收在 43.7 元，今天都跌回去了，大盤都在漲，它卻在跌，落後補漲可以套用在這上面嗎？昨天外資也有買進，我是不是需要再抱久一點？也希望老師幫我解惑！

最後祝老師龍年行大運，好運龍總來！

【天龍敬覆】

❶《放空賺更多》是筆者 2011 年出版的書，剖析的是 2011 年的行情，裡面有很多放空的技巧，不會白學的，但是今年 2012 確實有所不同了。這就好像 2008 年歷經重大的經濟風暴之後，接下來的 2009 年股市卻是「報復性大回升」。同樣的道理，經過了 2011 年的喘氣休息之後，台股還有

更長的路要走！請看圖 3-3，這是加權指數的月線圖，這樣我們便可以用一種宏觀的角度來看大盤的變化。

圖 3-3 加權指數 (TSE) 月線圖

（圖片資料來源：XQ 全球贏家）

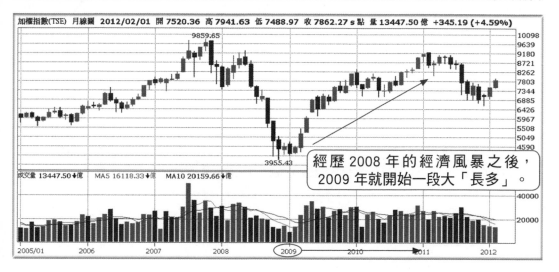

❷很高興您能靈活思考，舉一反三，用這樣的技術分析來作比較就是最正確的思維。不過，您的選股能力應該還有進步的空間。「順邦」（6147）這檔股票在我眼中，也是一檔明星股，因為經常有投信或外資、自營商「玩」它。但時間點可能和您選擇的並非相同，所以在您相中它的期間，表現並不那麼突出。我們知道，股票的線型走勢都是主力大戶用錢畫出來的，如果他們不砸銀子下去，自然線型不好。線型不好，您就賺不到銀子了。

❸我們來檢討一下您的動作：2012 年 1 月 18 日買進「順邦」（6147）這檔股票，成交價位是 34.95 元；然後在 2012 年 2 月 4 日賣出股票，成交價位是 36.55 元。

圖 3-4 加權指數 (TSE) 週線圖 （圖片資料來源：XQ 全球贏家）

圖 3-5 頎邦 (6147) 日線圖 （圖片資料來源：XQ 全球贏家）

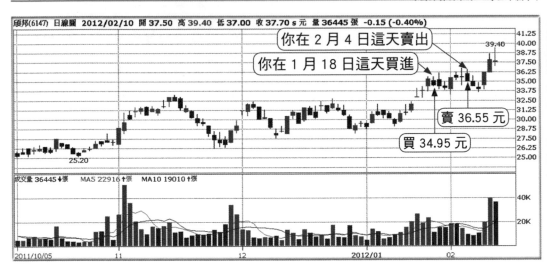

　　我認為您1月18日買頎邦（抱股過年）的時間點，是不對的，很明顯的，它走的是下坡路。所以開紅盤日它就「黑」著臉給你看。幸好整個大盤的行軍是向上攻堅的，所以你還能賺錢。

我認為 2 月 4 日賣頎邦（您先落袋為安）的時間點，則是對的。這表示你夠機伶，知錯能改 ^_^，先出再說。可避免風險（減少兩天市值的流失）。有一句很有哲理的話：「人生如果錯了方向，停止就是進步。」

有些人可能會說：「老師，你看圖 3-5 不是已經變成 39.4 元了？那你說他賣 36.55 元怎麼會是對的？」

是這樣的，我們無法預測未來的變化，但是在當下（2 月 4 日、賣頎邦）這位讀者的動作，只能根據「頎邦」的情況來作抉擇。最正確的思維就是：

A. 短線先出，覺得跌夠了，再迅速接回（如果您酷愛操作這檔股票的話），至少賺到差價了。那一定比持續抱到最後的強！

B. 短線先出，尋找更恰當的「真命天子」，也就是換股操作。

如果是我，一定選擇 B，因為有那麼多的好股票可選，何必和「頎邦」談戀愛呢？好馬不吃回頭草，你很可能找到更肥沃的草原啊！

❹好樣的（大陸人愛說的一句話，就是好棒的意思）！您和筆者同樣選擇了
　B！你換股操作，於 2012 年 2 月 6 日買進「統一」（1216），成交價位
　是 43.15 元。我們仍然依週線圖和日線圖來看看。

❺您問「外資也有買進，我是不是需要再抱久一點？」

我的回答是肯定的。抱牢！

我不曉得您所以選擇「統一」（1216）這檔股票，是從何處著眼（基本面、獲利面、消息面……）？我們從週線看，它的線型並不是很好。至少並不強勢。不過，既然今年有軋空行情（至少年初，將來有沒有新的經濟風暴，誰知道？），那拉回就是買進的時機。像前面提到的「頎邦」在您賣出之後，兩天就止跌了，可見得只要不是太爛的股票都是適宜長抱的。何況從

日線圖看，您買的「統一」，不論MACD、寶塔線、RSI、KD和從時間點來看，都相當不錯，是屬於上坡路。

圖 3-6 統一（1216）週線圖

（圖片資料來源：XQ全球贏家）

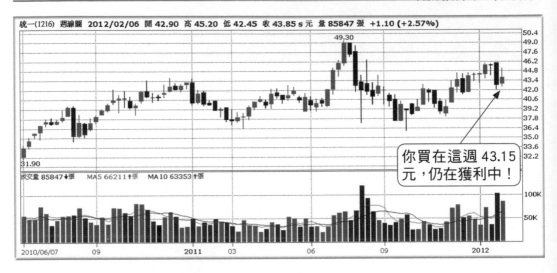

圖 3-7 統一（1216）日線圖

（圖片資料來源：XQ全球贏家）

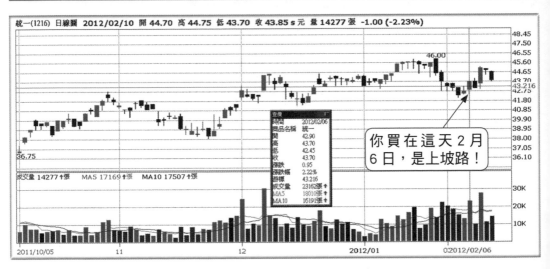

其次，我看了一下它的籌碼，三大法人確實也有買進，券商主力則似乎

是較法人更積極。請看圖 3-8。

圖 3-8 統一（1216）日線圖

（圖片資料來源：XQ 全球贏家）

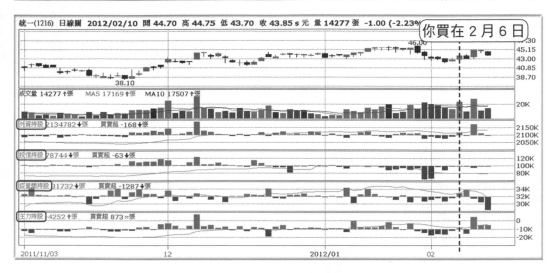

　　站在 2 月 10 日的角度來看，當天雖然是下跌的，但我認為這檔股票還會再上去。因為有一位主力在 2 月 8 日一路買進，從 43.1 元一路買進，買到當天的最高點 45.2 元，幾近瘋狂地買了 9000 多張，這筆套牢的款項，想必不自救也不行；他也由於這一天的瘋狂買進，成為目前庫存的最大主力。2 月 10 日他仍小買了 400 多張，一張都沒賣。當天另有一家外資券商用了 4000 張的買單，仍然沒把股價拉高，連自己都陷入泥淖中（均價 43.98 元）。所以，我認為當天的 43.85 元收盤，並不是高點，應該還有更高價的，您可拭目以待！

　　根據筆者的經驗，主力是不會胡亂賠錢的，當大盤不好的時候，都是其他已經獲利的券商在賣股票，而並非被套牢的主力認賠殺出。

　　不過，我要提醒您一句：當主力解套之後，不要看得太遠。他會獲利了結，以挽回面子，所以必須提防大賣單出籠。建議您要注意主力在大賺之後

的價位，要比他更早下車！這就像本書第一章，我在 173 元賣「和泰車」一樣，這是最明智的做法。我在 2011 年 12 月 1 日賣「和泰車」，根本不必考慮 2012 年 2 月 9 日它會再創新高的問題，因為固然「長期投資」的人在這段資金積壓的日子裡，依然仍可以憑恃他的耐心賺到大筆財富，但「長於短線投資」的人早就從「選對股票、積極操作」中一再獲得其他股票的成功了！

圖 3-9 和泰車（2207）日線圖

（圖片資料來源：XQ 全球贏家）

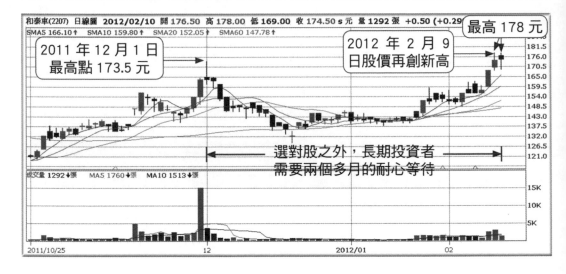

▶ Point 04　強勢多頭，從券資比選股最犀利

評論完讀者的選股策略，那麼我也該提出我的選股策略給讀者參考了。我相信很多人都會在看完之後恍然大悟，以後就學到了應變之法，當然，我忍不住要說，我十分不喜歡教一種不謙虛的老手，明明是他沒想到的、沒抓到的要領，經我如此「易懂好學」的教法，一點就通。可是，當他在看懂

之後，卻輕視地說「這我也會」或「我以前也是跟你那樣去做的」。這樣不可愛的老手，請不要偷偷買我的書來看。我建議他去拜「學者」為師，許多學者沒有實戰的經驗卻很長於賣弄玄虛，那些老手聽得迷迷糊糊，反而崇拜得不得了！這樣的人，我也看得太多了。基本上，我比較喜歡教只有幾年資歷的新手，很用功認真、心態又好的人。我「不遮步」的淺白教法，最適合教他們；他們好好學，會進步得很快。想當年我們的經驗，都是真金白銀換來的，哪有人會如此清晰地教你什麼（其實早年真正搞懂技術分析的人並不多，純粹是炒作罷了）。筆者掌握的「九陰真經」，也是自己每天花十幾個小時研究出來的，而不是從寫得不清不楚，看得迷迷糊糊不知所云的股票書中學到的。

券資比的選股，最簡單的做法，就是從「券資比」的排行榜，找出前幾名，再一一加以分析哪些高券資比的股票比較可能有「軋空」行情。要從各種角度去加以分析。然後，你買它，長抱；或者看長玩短。基本上，就是要作多，不可放空。

表 3-2 是筆者綜合整理出來的一些指標，如何看待呢？要點如下：

❶週漲幅是最重要的，表示已經在「軋空」了。週漲幅在 10% 以上的，有華寶、台郡、科風、上銀、玉晶光。

❷股本原來是很重要的，小型股容易漲，但也容易跌。當軋空的氣勢已成，連大型股都能推動。

❸有些已經實施庫藏股制度的股票在這其間，容易混淆了真相，必須了解公司的基本資料。

❹有些業績股，由於利多的推波助瀾，只是一時性的哄抬，並不是資券拔河

的結果，這也要弄清楚。

❺股性也很重要，最好查一查他們的主力庫存，是否專搞「隔日沖」的買賣。最大的主力，必須是長期作多的券商。

表 3-2：券資比排行榜

（資料時間：2012 年 2 月 10 日）

名次	券資比%	代碼	商品	股本	成交	漲幅%	法人買賣超	換手率%	一週%	一月%	一季%	半年%	一年%
1.	89	8078	華寶	60.77	69.1	4.86	1005	2.46	+23.84	+34.17	+58.49	+140.77	+128.02
2.	60.96	3702	大聯大	158.39	40	0.5	1315	0.58	-1.60	+10.96	+20.12	-4.97	-21.36
3.	60.93	0050	台灣 50	--	53.95	-0.83	20741	--	+1.70	+6.41	+6.73	+3.49	-8.00
4.	55.68	2006	東鋼	98.09	29.65	-1.17	345	0.25	+2.07	+9.21	+8.81	-2.15	-10.72
5.	54.75	6269	台郡	17.62	122	5.17	464	4.81	+27.08	+40.23	+65.76	+53.47	+120.33
6.	53.05	3406	玉晶光	8.86	293	-4.56	-406	7.38	+13.57	+50.64	+57.95	-11.35	+0.61
7.	51.35	3380	明泰	47.57	24.65	-1.2	-789	1.02	-5.01	+4.89	+20.83	+22.94	+4.23
8.	50	2330	台積電	2591.41	76.9	-1.41	7077	0.16	+0.92	+0.52	+5.92	+16.87	+11.42
9.	49.11	2325	矽品	311.64	33	-0.3	4413	0.23	+2.17	+10.92	+15.59	+26.92	-11.42
10.	47.45	4904	遠傳	325.85	56.8	-0.87	-1882	0.32	-0.35	+1.07	+3.65	+28.36	+43.06
11.	44.29	3043	科風	19.60	24.65	-0.6	128	3.88	+18.80	+68.84	+42.81	-6.30	-60.48
12.	43.12	5522	遠雄建	77.14	58.9	2.97	946	0.29	+3.15	+17.56	+15.49	-7.39	-9.89
13.	42.30	2049	上銀	23.47	320.5	-1.69	-636	2.29	+14.87	+38.74	+26.68	-5.04	+110.53
14.	42.07	2448	晶電	85.89	73.7	-3.91	-2756	1.68	-4.53	+16.80	+22.02	+41.73	-23.78
15.	40.63	1301	臺塑	612.09	86.3	-0.8	-2134	0.13	+1.17	+4.10	-0.69	+0.12	-8.92
16.	39.18	2002	中鋼	1504.62	29.7	-1.16	-5918	0.14	+0.68	+2.41	+2.06	+2.59	-2.78
17.	37.53	9934	成霖	30.70	22.85	1.56	-119	0.87	+1.78	+22.52	+24.52	+14.25	-16.90
18.	36.6	2103	臺橡	71.49	78.1	-1.14	195	0.53	-2.25	+3.31	+1.69	+14.18	+16.04
19.	34.8	3035	智原	39.76	46.7	1.85	2059	3.71	+1.97	+37.35	+81.71	+76.72	-13.86
20.	34.29	6176	瑞儀	43.83	118	-3.28	-3533	2.38	+4.42	+28.26	+30.10	+24.87	+113.57

在表 3-2 中，我早就相中了領頭羊「華寶」。

在本書「第 2 篇全面大漲，如何選股不被短套」中，我就寫到了，筆者抱股過年的是「太子」，開紅盤日之後，立刻賣「太子」、買「廣宇」。「廣宇」漲了幾支停板之後，我才換成「華寶」。

其實，遠在過年期間，我就想買「華寶」了，可惜漲太凶了，我臨時決定買「廣宇」，幸好隔天「廣宇」也突然超強起來，直到漲停板多次、轉弱之後，才有機會買「華寶」。

在我過年期間鎖定「華寶」的理由如下——

華寶：手機機殼廠華寶第四季營收 109.5 億元，季增 513%，第四季手機出貨 150 萬支，ASP 約 240 美元。華寶尾牙透露幾點看法，2011 年無法轉虧為盈，第一季手機出貨量較第四季成長，2012 年手機目標數近千萬支，法人預估，全年 EPS 達 2.8 元。

華寶（8078）是智慧手機代工廠，今年智慧手機可望有三成成長，出貨動能有所支撐。看好理由：華寶切入諾基亞微軟作業系統 WindowsPhone7.5 供應鏈，今年看好在美國與中國有所表現，全年出貨量將大增至 960 萬台，超越去年的逾 300 萬台，營收規模將大幅攀高。

下面我買「華寶」的情況，以身試法的結果，就可以確認它是此波最驃悍的「軋空」股領頭羊了。

請看我三天買賣「華寶」的正式交割單（圖 3-10）：

圖 3-10 我的成交明細

（圖片資料來源：作者）

2012/02/08				小計						
02/08	X0099	[8078]華寶	資賣		64.00			0	0	0
2012/02/09				小計						
02/09	W0089	[8078]華寶	資賣		67.10			0	0	0
02/09	Y0121	[8078]華寶	資賣		68.50			0	0	0
2012/02/10				小計						
02/10	Y0106	[5531]鄉林	資賣		29.60			0	0	0
02/10	W0074	[8078]華寶	資賣		67.60			0	0	0

其實，我查了一下，筆者在今年1月份就買賣過華寶了，多半玩的是當沖，幾乎每玩必勝。那時還只是40多元。直到過年後，我出掉連續大漲的「廣宇」之後，突然想起了「華寶」這一檔我心目中的飆股，但那時它的股價已高。結果我在2月8日買到「華寶」時，已是64元了。由於它的券資比高達80%以上，且為「券資比」排行榜第一名，我深信此股必將「軋空」，於是決心抱牢！

第二天（2月9日）華寶開66.5元，因我對它信心強大，於是採取先買後賣的戰略，結果成交在67.1元。不久它就急拉到68.5元。我為了保持戰果，立刻以市價賣出，成交在68.5元，完成一次成功的當沖。手中的持股還在，算是多賺了差價。不料，當我打算再玩一次當沖時，才發現此股已經沒有融券了。

第三天（2月10日）華寶開68.2元，我想，距離我的本錢（64元）加上所賺的差價，已經有5元的差距，於是決定先短賣一趟，不料那時大盤的賣壓襲來，我以「市價」殺出的結果，竟然只賣到67.6元！好在我賣得快，

在我賣出後，一度殺到最低價66.2元，和我賣出的67.6元已明顯有了差價，本來準備再買回來，結果券商營業員提醒我，這檔股票沒有融券了，如果低檔補回來之後，是不能軋掉的，因為已經沒有融券了！

我們從圖3-11即知「華寶」融券已經被用光了，停止融券。要賣只能出掉手上的持股。

圖 3-11　　　　　　　　　　　　　　　　　　　　（圖片資料來源：XQ全球贏家）

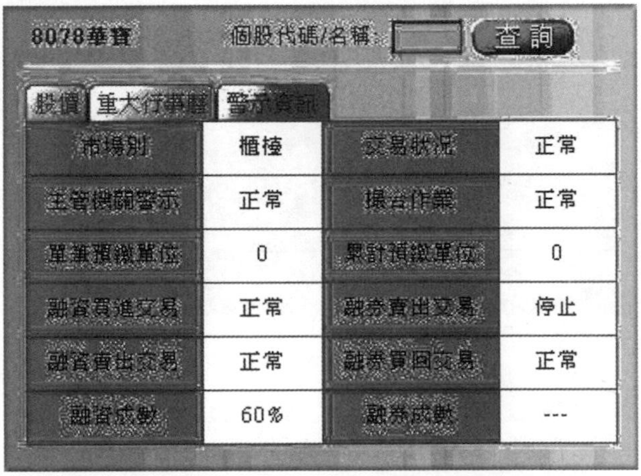

8078華寶	個股代碼/名稱　　　　　 查詢		
股價 重大行事曆 警示資訊			
市場別	櫃檯	交易狀態	正常
主管機關警示	正常	操盤作業	正常
單筆預掛單位	0	累計預掛單位	0
融資買進交易	正常	融券賣出交易	停止
融資賣出交易	正常	融券買回交易	正常
融資成數	60%	融券成數	---

我決定不補回來，因為我在極短暫的時間裡，已經看出當天(2012年2月10日)的一檔股票有漲停板的可能。這其中當然也有我自己的選股邏輯。我已經嗅到這一檔股票有漲停板的機會。於是，我決定放棄「華寶」，改追那一檔新歡——「鄉林」（5531）。

我的動作非常果決，因為信心滿滿，在上午9時6分27秒，就買下了「鄉林」。我買的價格是29.6元，比開盤價略低。接著，就開始為我的「研判」承擔責任。結果「鄉林」亮燈漲停，30.75元。真令人興奮的結果！然而，

當天的營建股的量普遍沒有放大，所以鄉林一度也打開了漲停，但尾盤再度鎖上漲停。這樣的結果告訴我，放棄「華寶」雖然可惜，但鄉林必會像「廣宇」那樣，好好地「陪我一段」吧！

圖 3-12 鄉林 (5531) 分時走勢圖

（圖片資料來源：作者）

圖 3-13 我的成交回報

（圖片資料來源：作者）

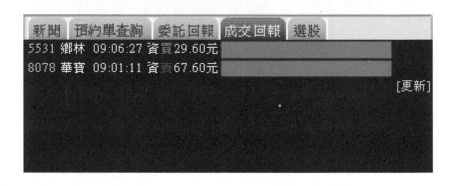

話說回來，2 月 10 日的華寶，在我賣出後，雖然跌到 66.2 元，不料，在收盤時竟然又拉上了 69.1 元，比我的賣出價格高得太多了！由此可見，

凡是軋空的領頭羊，只能兩種對待方式：

❶短賣之後，一有差價，立刻補回來。不然你會後悔！

❷緊緊抱牢，絕不輕言離棄。務必「執子之手，與子偕老」，不然你會後悔！

　　人生沒有後悔藥，軋空的股票其實不必老是換股操作，緊迫盯人就行了！以下，這張「華寶」的日線圖，是不是很像一隻奔向天空的飛龍？

圖 3-14 華寶 (8078) 日線圖　　　　　　　　　　　　　　　　（圖片資料來源：XQ全球贏家）

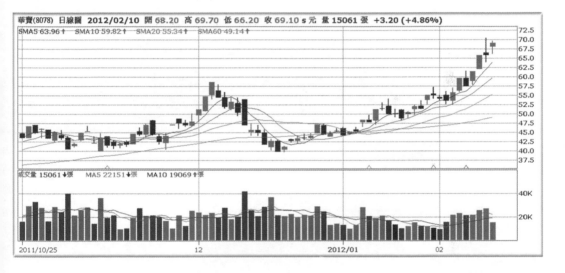

第 2 部

學指標
績效好犀利

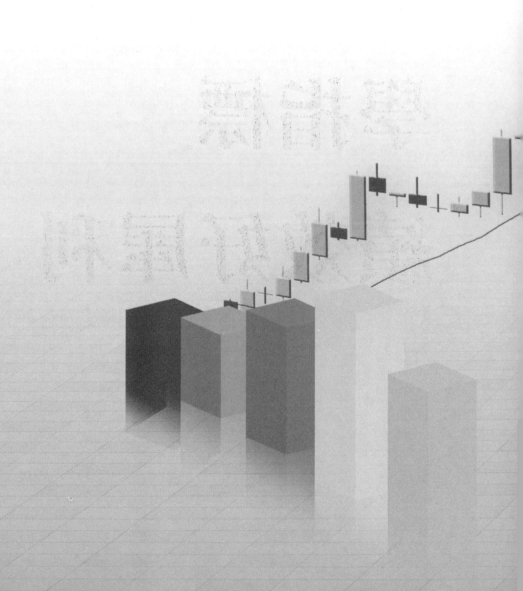

買漲停板？先看懂大戶的伎倆

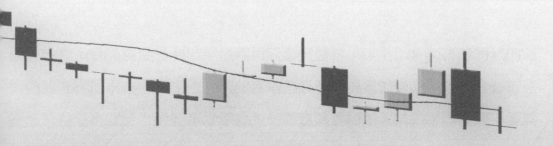

▶Point *01* 選股策略四個重要方向：

❶從基本面選股：

上市公司的營運如何、獲利能力如何，例如去年虧損或盈餘多少？股利多少？今年每一個月的業績如何？公司保留盈餘和公積多少？以及它的負債情形如何？都是需要評估的。

這其中的學問很大，如果你只是小散戶，運用的資金又極有限，我覺得與其花那麼多時間研究基本面，不如直接學技術分析。技術分析在筆者的經驗裡，絕不是天馬行空或風花雪月的大談願景，而是實實在在用真金白銀畫出來的。它好像一條捷徑，投資人只要搞清楚路上的坑坑洞洞（線型背後的陷阱），就跑得比較快，絕對比基本面選股的方式，更快到達目的地。

❷從技術面選股：

技術面選股，包括很多指標可以觀察，例如成交量的變化（量價關係）、MACD、寶塔線、RSI、KD、K 線型態、BIAS、DMI、CDP、MTM、ADL（大盤騰落指標）、ADR（大盤漲跌比率線）、PSY（心理線）……等等（編按：可參考「股票獲利智典 1 －技術面篇」/ 方天龍著 /199 元 / 恆兆文化出版），好好研究技術面，選股時就比較踏實一點。

因為技術面選股可以讓投資人以合理甚至超低的價位買到自己要買的股票，也能讓我們在最恰當的時機介入該股。

我最近發現一種方法感覺很棒，就是觀察某一檔股票是處於「上坡路」還是「下坡路」。實際的做法，就是把月線、週線和日線同時並列研究，這

方法很簡單可是很少人這樣做。

❸從消息面選股：

消息面有時談的是基本面，卻不是真正的基本面，它可能是公司方面放出來的假消息，只是大股東勾結主力以炒作股票的一種手段；也可能是記者道聽途說，或認真求證卻不得其門而入的新聞。

消息面一旦被擺在報紙的頭版頭條，影響力就非同小可，因為看到的人很多，會造成一般人的想法，例如急於買進或賣出，連帶的也就牽動股價的漲跌了。接著，當消息面澄清之後，如果並非真確，股價又會逆向進行了。所以，即使不從消息面選股，也應閱讀消息。

因為消息面對股價是有影響力的。

❹從「股性」選股：

從「股性」選股的意義，就比較特殊了。人有人性、股有股性。其實技術線型既然是人用金錢畫出來的；所謂的「股性」當然也是人塑造出來的。了解「人性」，也就是了解「股性」。例如我覺得某一檔股票有「飆股血統」，意思就是這檔股票常常被很急著買它、賣它的主力拉上拉下；某一檔股票是「大牛股」，也就是說這檔股票常常幾個月動都不動，彷彿沒人買賣似的。例如中華電（2412）就是「大牛股」，波動很小。作多很辛苦，放空也不宜（常常有公家護盤），如果不是長於「長期投資」的投資人，對它都很「感冒」的。請看圖 4-1 就知道，當 2012 年大盤漲翻天的時候，它竟然「永垂不朽」！

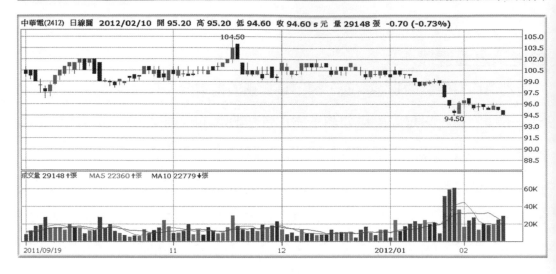

圖 4-1 中華電 (2412) 日線圖　　　　　　　　　　　　（圖片資料來源：XQ 全球贏家）

中華電(2412) 日線圖 2012/02/10 開 95.20 高 95.20 低 94.60 收 94.60 s 元 量 29148張 -0.70 (-0.73%)

104.50

94.50

成交量 29148 ↑張　MA5 22360 ↑張　MA10 22779 ↓張

2011/09/19　　　　　　11　　　　　　12　　　　　　2012/01　　　　　02

> ▶ Point **02**　橫盤之後的第一個漲停板，買進！

　　談到「從股性面選股」已經牽扯到股票「不傳之秘」了。所謂「不傳之秘」就是教科書上沒提過、只有深入了解股市生態的人才知道的密技。這些密技通常只有做「短線」的人才可能發現。一般「長期投資」的人，沒關照過股票，也沒深入股票的細節，一旦介入股市，即使經濟學者也一樣會挫敗。因為對於股市背後「魔手」的動作涵義了解並不深刻，對一檔股票的股性認識也極膚淺，以為什麼情況都可以用同樣一個道理解決，其實那就錯了。

　　例如筆者的《當沖大王》一書，曾經透露很重要的選股技巧，那就是「橫盤之後第一個漲停板，往往會帶動其後的大行情」。這個投資金律以前行得通，但現在卻變成「投資鐵則」，隨時也會生鏽的。為什麼呢？因為有「人為的陷阱」。見圖 4-2，台嘉碩在 2009 年 9 月 4 日的股價漲停板，收盤 16.15 元。這是最好的買點，若你懂得技術分析，這就是「橫盤之後第

一個漲停板」，隔一天介入，未來必有大行情等著。結果多半靈驗。據我查閱資料發現，至少在短期內可以賺到一倍！除外，橫盤之後由於漲停板的確認，其後有高價的例子極多，請見圖 4-3、圖 4-4、圖 4-5。

圖 4-2 台嘉碩 (3221) 日線圖

（圖片資料來源：XQ 全球贏家）

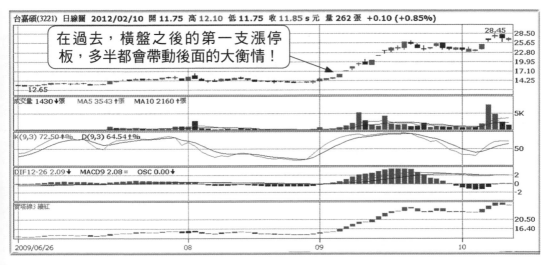

在過去，橫盤之後的第一支漲停板，多半都會帶動後面的大衍情！

圖 4-3 佳必琪 (6197) 日線圖

（圖片資料來源：XQ 全球贏家）

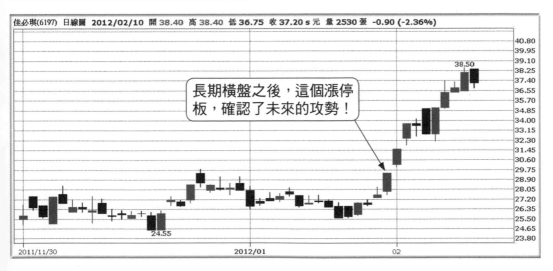

長期橫盤之後，這個漲停板，確認了未來的攻勢！

圖 4-4 志信(2611)日線圖

（圖片資料來源：XQ全球贏家）

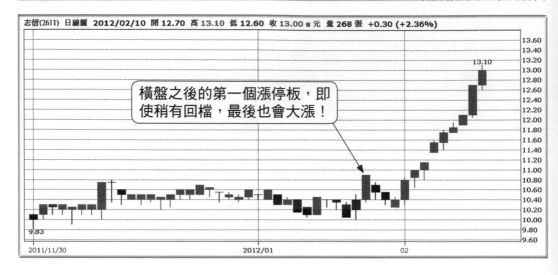

橫盤之後的第一個漲停板，即使稍有回檔，最後也會大漲！

圖 4-5 達能(3686)日線圖

（圖片資料來源：XQ全球贏家）

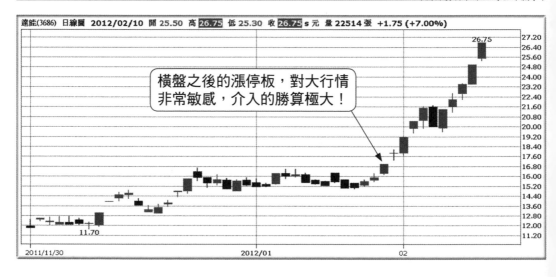

橫盤之後的漲停板，對大行情非常敏感，介入的勝算極大！

圖 4-6 衛展（3021）日線圖

（圖片資料來源：XQ 全球贏家）

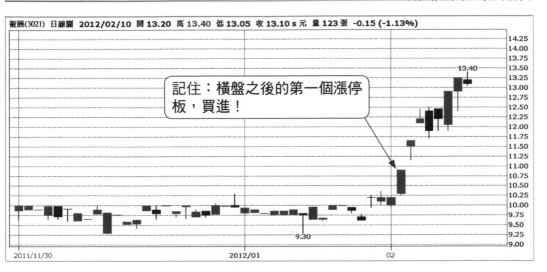

衛展(3021) 日線圖 2012/02/10 開 13.20 高 13.40 低 13.05 收 13.10 s 元 量 123 張 -0.15 (-1.13%)

記住：橫盤之後的第一個漲停板，買進！

　　其實，不只是「橫盤之後第一個漲停板」，有時候 V 型反轉之後的第一個漲停板，也會造成一段大行情。

　　V 型走勢，可分為 V 型、倒轉 V 型、伸延 V 型等三個部分。說明如下：

(1) V 型：當股價在下跌階段時，通常 V 型的左方跌勢十分陡峭，而且持續一段短時間。V 型的轉折點底部十分尖銳，一般來說，形成這轉折點的時間只有兩、三個交易日，而且成交在這低點明顯增多。有時候轉折點就在交易日的恐慌中出現。接著，股價從低點回升，成交量也跟著增加，於是形成了 V 型的經典模式。

(2) 伸延 V 型：「伸延 V 型」走勢是「V 型走勢」的變形。在形成 V 型走勢期間，其中上升（或是下跌）階段呈現變異，股價有一部分出現向橫發展的成交區域，其後打破這種類似「徘徊」的區域，繼續完成整個型態。

(3) 倒轉 V 型：「倒轉 V 型」和「倒轉伸延 V 型」的型態特徵，與 V 型走勢剛

相反。

　　由於賣方的力量很大，所以股價本來一直往下跌，可是當這股賣出的力量消失之後，買方的力量完全控制整個市場，使得股價出現戲劇性的回升，幾乎以下與跌時同樣的速度收復所有失地，所以在線型圖上就形成一個像Ｖ字般的移動軌跡。倒轉Ｖ型情形則剛剛相反，由於突然的逆轉改變了整個趨勢，賣方以上升時同樣的速度下跌，形成一個倒轉Ｖ型的移動軌跡。通常Ｖ型走勢是個轉向型態，顯示過去的趨勢已逆轉過來。

　　但是，趨勢逆轉用什麼來證明呢？

　　就是漲停板！

　　漲停板就是行情要大有改觀的時候的「信使」。就好像「燕子回來了」那樣的訊息。例如圖 4-7、圖 4-8、圖 4-9 等等，在Ｖ型反轉後的第一個漲停板介入，必有獲利機會。

圖 4-7 凱鈺 (5468) 日線圖　　　　　　　　　　　　　（圖片資料來源：XQ 全球贏家）

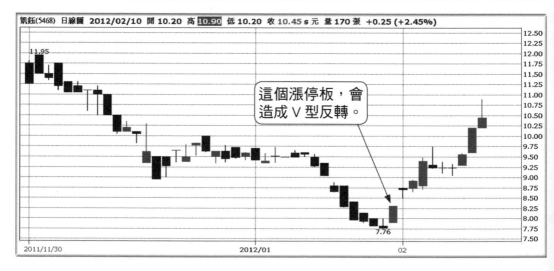

圖 4-8 網家 (8044) 日線圖

（圖片資料來源：XQ 全球贏家）

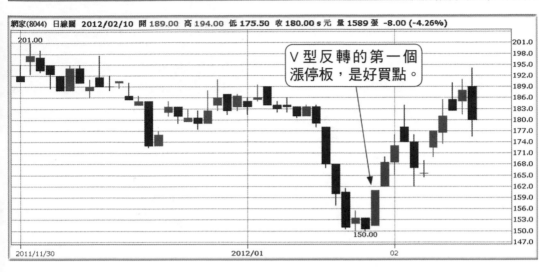

網家(8044) 日線圖 2012/02/10 開 189.00 高 194.00 低 175.50 收 180.00 s 元 量 1589 張 -8.00 (-4.26%)

Ｖ 型反轉的第一個漲停板，是好買點。

圖 4-9 眾星 (8082) 日線圖

（圖片資料來源：XQ 全球贏家）

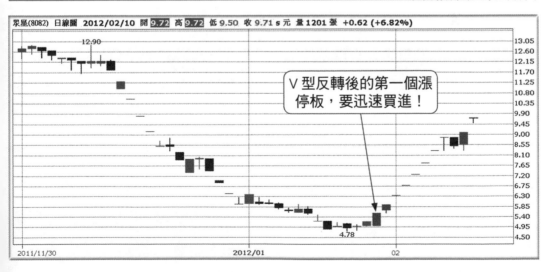

眾星(8082) 日線圖 2012/02/10 開 9.72 高 9.72 低 9.50 收 9.71 s 元 量 1201 張 +0.62 (+6.82%)

Ｖ 型反轉後的第一個漲停板，要迅速買進！

圖 4-10 勝昱（4304）日線圖 　　　　　　（圖片資料來源：XQ 全球贏家）

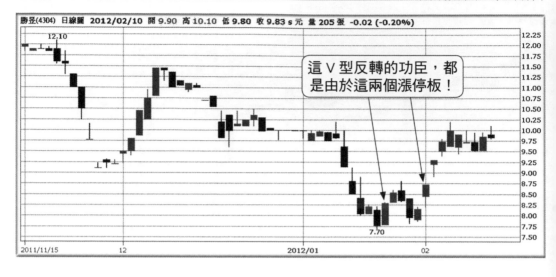

勝昱(4304) 日線圖 2012/02/10 開 9.90 高 10.10 低 9.80 收 9.83 s 元 量 205 張 -0.02 (-0.20%)

這 V 型反轉的功臣，都是由於這兩個漲停板！

▶ Point 03　選股要了解主力庫存股票的真相

在行情大好的時候，也許看不太出來，但行情不好的時候，連股市新手都發現技術指標「好像不靈了」，其實如果您不是短線的交易者也許不會發現這種情況，因為技術分析重視的是「結果」，一旦結果不對，過程就會引起懷疑。如果「結果」是對，一般都是「得過且過」，沒有人會去注意這麼細微的股市問題！

有關技術指標靈不靈的問題，我早就發現了，讀者們後來也發現了。不過，差異在於我深入研究並了解原因，一般投資人卻一直被蒙在鼓裡，不明白為什麼「技術指標突然失靈了」。我的許多讀者來信，都呈現了此一問題的嚴重。以下摘錄一封讀者來信，先讓我們來看看他的問題－－

方老師：

我在不經意中閱讀了老師精彩的書

《主力想的和你不一樣》

有一種相見恨晚的感覺

自此以後我天天到書店找你的書

每讀一本就有增加幾成功力的妙用

老師，你不知道我是多麼感激你

今天看到您部落格 PO 的文章

令我大開眼界，又多學到幾招功夫

上個月買了您的新書《放空賺更多》

真的後悔太晚買了，真的又多學到許多新觀念

我從書中學到許多放空的技巧

用老師教我的方法，非常的興奮

因為從來就想不到股票這麼好玩

可是就如同老師說的，放空需要不緊張

我因為太興奮了，反而很緊張

昨天我有一個不解的問題，為什麼有許多股票

明明非常強勢可是拉到漲停板以後

隔一天就不拉了而且連續十幾天都沒動靜

當大盤跌的時候還跟著跌

這完全不合技術分析的法則

老師的見解一向新穎，可否解我疑惑謝謝

讀者的來信中有很多都提到技術指標的問題，有的也附上 K 線圖給我。其實，我一直不想公開這個問題的真相，因為這是「人為的陷阱」，主力炒作股票本來就是違法的，那麼若主力群聯手炒作當然也是違法的。以我的精密研究，不可能不知道問題出在哪裡。但是如果像我這樣精細地把所有真相公布，那我簡直就成了檢察官了。事實上，我的計算籌碼與調查局的手法如出一轍，講求的是「科學辦案」，務必條理分明、頭頭是道。目前我已經幾乎可以「辦」到非常細微了。但我不能擋人財路，否則我有危險。

　　我必須關照的是我的讀者，讓他們知道什麼是真相。但我也不便說得太明白、講得太過細微，只能簡單告訴你，技術線型所以不靈，是因為線型不真。簡單地說，就是有人在「玩」。那線型中的所謂漲停板，其實並非自然形成，而是人力的拉抬。

　　「非自然形成」？那麼「自然形成」是什麼？自然就是：大家一致看好（不管是看報紙、聽消息或自己認為），分別買進，然後放上一段時間，期待未來有好收成。這樣的線型就會準了。但如果有人故意用力把它拱上去，明天卻全部出得乾乾淨淨的，那麼這個漲停板有什麼意義呢？我看過不知有多少個案了，今天他們用 2500 張把它拱上漲停板，明天就出得一乾二淨，你說明天的線型會好嗎？既然那筆大錢沒再繼續放在這檔股票上，它的籌碼自然鬆動，自然就沒有好結果。不是嗎？

　　接下來先看看以下三張線型圖，就知道在人為的陷阱裡，圖型也會改變的。

　　圖 4-11「台嘉碩」（3221）在大幅的下跌後，來了一個漲停板，為什麼沒有帶動後面的行情呢？圖 4-12「必翔」（1729）原可以來一個非常漂

亮的 V 型反轉，可是為什麼沒有精彩的演出呢？圖 4-13「復航」（6702）在盤整的過程，有過一次 6.11% 的漲幅，又有一次漲停板的漲幅，為什麼也沒有「立竿見影」即時大漲呢？其實原因都是如此。

圖 4-11 台嘉碩（3221）日線圖
（圖片資料來源：XQ 全球贏家）

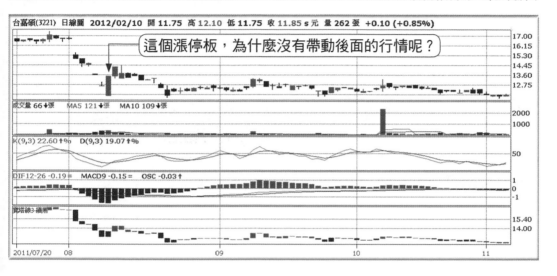

圖 4-12 必翔（1729）日線圖
（圖片資料來源：XQ 全球贏家）

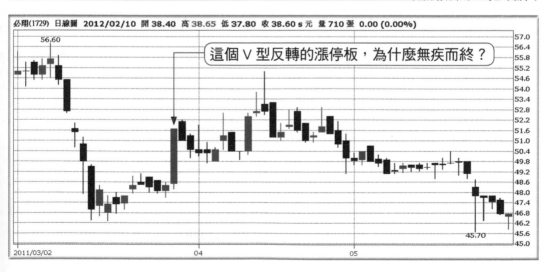

圖 4-13 復航（6702）日線圖　　　　　　　　（圖片資料來源：XQ 全球贏家）

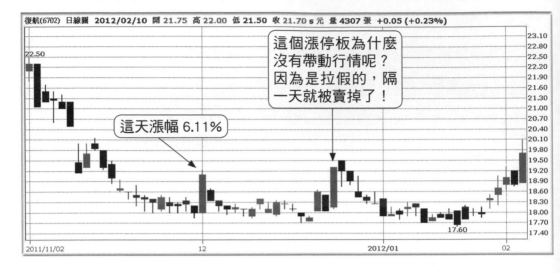

▶Point **04** 股市的水很深？因為你不知道的還很多

大家都知道，研判主力籌碼，可利用籌碼分析鎖定股票的未來演變。沒錯，一檔股票上漲幅度的大小，和很多因素都是有關的，不過最直接的還是主力必須有大量的庫存持股，另外就是還必須有行情的配合。但是，並不是主力的庫存裡有大量的某一檔股票，那檔股票就必然會大漲。這裡有許多該注意的事：

❶主力這些庫存股票的平均成本是多少？

　　──它可能是早已經存在的股票，但是卻被深深套牢了。很多人沒想到主力也會套牢，事實上如果你研究得夠透徹就知道，主力當然也會套牢。當主力碰上環境大好、股市大漲的時候，他第一件事就是先出再說。

❷主力這些庫存股票的買賣時間點何在？

——如果是很早就買的，變化就大；最近才買的，那他的企圖心多半尚未改變。在本書「第 1 篇回饋讀者，一檔明牌賺 30 多元」一文中，我為什麼選擇「和泰車」作我的「明牌」呢？就是由於我確認它的主力群（6-10 位）多半是剛買不久的，在股市大跌時我比主力買到更便宜的股票。

❸主力這些庫存股票的購買用意是什麼？

——散戶玩短線，影響不了行情，只是「自保」而已，不算什麼罪過。但是，主力大戶如果玩短線，那對股市投資人可就是一種霸道的行為了。他的資金佔了絕對的優勢，把行情拉上去，再賣下來，完全照他的劇本走。有些主力玩短線，玩得太過火，導致行情不易判斷，這都會讓技術指標失靈。要想計算精確的籌碼並不難，難的在於研判。

所謂「研判的能力」，當然包括你有沒有見過股市的黑暗面？了不了解主力在搞什麼東東？當你看到某一檔股票有了一筆一千張的買單，是不是心動了？你一定不知道什麼叫「對敲」吧！「對敲」就是左手買一千張、右手賣一千張，其實等於沒有買進。結果你被騙了，進場以後就套牢了。而主力就利用很多人進場而溜掉了。他最常見的手法就是買 300 張，賣 500 張，再買 800 張，賣 1300 張，又買 1000 張，賣 1600 張。那麼，他到底買了多少張？你會算吧？不懂「對敲」，你對股市的判斷力就很有限，絕對成不了贏家。

股市的水很深的，因為你不知道的還有很多！

Chapter 5 新焦點

創新高股，輕鬆搭轎停、看、聽

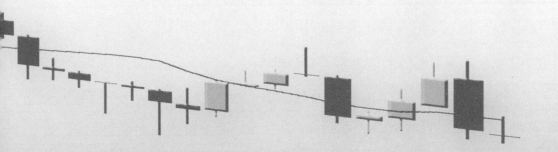

如何選股比較犀利呢？當然，這個問題的範圍是很廣的，包括作長還是作短、作多還是作空等等，都有所不同。但是，在你作決定時，絕對不要只看一個指標。例如本書前一篇我們提到，如果您不深入研究某一檔個股的籌碼「底細」，即使它是漲停板的股票也是碰不得的！

現在，我們就來講一講，選股策略不可忽視的第一個因素：大盤的位置。

例如，大盤從 6609.11 點開始，幾乎一直沒有回頭的狂拉，到了 2012 年的 2 月 16 日，已經登上 8000 點了，1400 點的漲幅夠滿足了嗎？行情不繼續走下去，誰也不敢預測。當然，所謂很準的「專家」，都是從很多股市的背景因素和指標，來賭它的機率而已。如果絕對預測得準，那台指期也就沒有可變的因素，不就人人是贏家了嗎？外資又為什麼有時在現貨和期貨上作出方向完全不同的「避險策略」呢？所以，站在 2012 年 2 月 17 日的角度來看，投資人心裡就得有警覺：前一天既然跌了 135 點，我們在選股的時候就要考慮，大盤的位置是否有危險？

以 2012 年 2 月 17 日盤中所截的圖（圖 5-1）為例，就分明告訴我們：在跌了 135 點之後的次日（2 月 17 日），即使大盤的高點來到 8013 點（比 2 月 16 日高），也要提防「開高走低」！

果然，次一日（2 月 17 日）開盤 7956 點，漲了 87 點（從 7956 點到 7869 點），看起來似乎很不錯，同時，開高以後還往上拉到最高的 8013 點，等於大漲了 144 點（從 8013 點到 7869 點），但是，接著就往下走了。相信追高的人一定很懊悔，又被「套」了！那種感覺很不好，對不對？

這時的情況，就有如 2011 年的行情，看起來「委買張數」、「委買筆數」，以及「平均每筆委買張數」總是大幅超過「委賣張數」、「委賣筆數」，

以及「平均每筆委賣張數」，可惜大盤就是不肯幫忙，您手上的強勢股也一
樣被活生生的拉扯下來！

圖 5-1 2012 年 2 月 17 日盤中截圖 （當天的線型及成交量均未確定） （圖片資料來源：XQ 全球贏家）

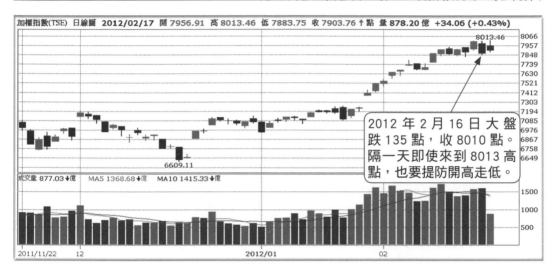

圖 5-2 （圖片資料來源：XQ 全球贏家）

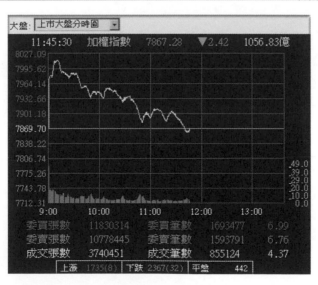

當然，到了低檔時是否將再拉上去，這裡就不管了，那屬於操作策略的問題，您是不是應該在高點先「空」下來，低檔再接回來，這得隨機應變才行。但至少我們的研判是正確的。我主要在說明，在選股時，碰到像 2012年 2 月 16 日這樣的結果，就必須作上述的考量。

根據「大盤的位置」選股，可能的情況很多，例如「不選股」（休息），也是一種選股策略；又例如「漲時重勢、跌時重質」把重點放在選什麼樣性質的股票，當然也是考量的範圍。例如在高點選小型的「飆股」可能因為接手太弱，股價就會往下飆，致使損失慘重，因此，若選擇有本質或已經連跌一週的好股票，反而更有機會補漲……。

所以「大盤最大」！投資人在選股的時候永遠要先看看大盤的位置，才不會受傷。

▶ Point 01　創新高的股票，也會有不同的命運

看完大盤的位置以後，還要考量所要選擇的個股，是否常常創新高？

一檔股票如果不常常創新高，就不會是一檔有向上攻堅力道的好股票（基本上，除非有特殊說明，否則筆者都是站在作多者的立場陳述；喜歡「放空」的老手，可以就筆者所陳述的部分自行反向思考）。

「股價創新高」是選股最值得注意的對象之一，表示這檔股票不論在人氣、資金，都已經受到重視了，並已形成一種新的主角地位，除非整個大盤有不尋常的變化，否則這種趨勢將延續下去。

股價創下新的高點，接下來，在技術上從此將呈現無限寬廣的局面。畢

竟能創出新高相當不容易，它至少經過多空互鬥的苦戰，已經突破層層壓力，才能有這樣的結果。相反的，股價在還沒創新高之前，等於只困在一個大箱子裡，反覆地浮沉；一旦越過原來的高點，就掙破樊籠，脫困而出，從此海闊天空了。

從技術分析的角度來說，原本股價是在一個大壓力帶的底下，當它突破這個高點或壓力帶後，就掃除陰霾，原先舊的壓力變成新的支撐，可說是一次翻天覆地、旋乾轉坤的大變化。

同樣的，如果股價出現新低點，那表示多頭最後的防線已被攻破，往下看，不知還有多深的低點，無法預測，所以我們說「漲時不言頂、跌時不言底」，就是這個意思。由於台股的散戶多半是作多的，在選股時，我們就別把個股往低點看吧！還是關注「股價創新高」的股票、期望介入之後，有更高的高點吧！

不過，股市就是因為大家的看法不同，才可能「成交」。因而股價創新高，雖然是好事，但它也可能從此開始下滑。那就等於是一個最高的轉折點了。所以，股票的新高點，也可能是一個具有「風險」的新高點。同時，從另外一個角度來說，股價的一個新低點出現，雖然令人心灰意冷，但這時買進股票，反而可能是買到最便宜的股票，而且說不定從此股價否極泰來，享受最甜美的果實。

能夠創新高的股票，成交值也應該創新高，這點很重要。因為必須成交值創新高，股價才可望創新高。成交值是抬轎者，股價則是坐轎者，一旦抬轎者離去了，股價的轎子沒人抬了，可能就走不動了。所以，在選創新高的個股，不要忽略了成交值。

以下將以 2012 年 2 月 3 日創新高的股票為研究個案，總共有 118 檔股票創新高，但 2 週後 (2012 年 2 月 16 日) 再調查樣本，從表 5-1 可以看出，雖然同樣都是在 2012 年 2 月 3 日創新高的股票，兩週後的股價表現並不一樣。

表 5-1：2012 年 2 月 3 日創新股的個股，到了 2012 年 2 月 16 日的結果一覽表

	代碼	商品	股本	成交	一週 %	一月 %	一季 %	半年 %	一年 %
1.	3474	華亞科	464.17	7.16	+18.74	+42.06	+60.18	+15.86	-59.32
2.	1789	神隆	63.10	54.2	+16.81	+27.83	+18.86	--	--
3.	3555	擎泰	6.38	99.3	+16.96	+39.27	+18.50	--	--
4.	2458	義隆	41.63	38.8	+14.12	+28.69	+32.65	+25.77	-6.22
5.	2345	智邦	52.06	18.7	+10.98	+23.84	+25.08	+38.52	+10.50
6.	5349	先豐	20.66	22.9	+10.10	+23.78	+21.81	+6.76	+53.19
7.	6145	勁永	22.25	12	+10.09	+22.45	+2.56	+3.45	-35.83
8.	1701	中化	29.81	22.9	+8.79	+31.23	+23.78	+11.71	-9.01
9.	4956	光鋐	10.04	39.45	+10.50	+38.66	+12.88	--	--
10.	1455	集盛	51.87	14.85	+9.19	+16.02	+7.61	-25.75	-22.08
11.	8096	擎亞	11.02	51.5	+7.52	+28.27	+28.75	+6.87	+11.67
12.	8110	華東	50.26	12.4	+7.83	+27.18	+10.71	+8.77	-25.75
13.	8271	宇瞻	12.86	19.1	+7.00	+27.76	+11.05	+32.64	-24.22
14.	2344	華邦電	367.33	6.15	+6.03	+43.02	+32.26	-0.49	-39.41
15.	3041	揚智	30.39	47.3	+6.29	+36.71	+49.45	+62.54	+28.52
16.	1309	臺達化	31.20	13.9	+6.11	+12.10	+11.65	-16.27	+14.35
17.	2206	三陽	89.64	20.1	+5.24	+16.18	+17.54	+11.26	+25.70
18.	2384	勝華	164.78	26.5	+5.16	+15.97	+27.10	-19.08	-45.95
19.	3380	明泰	47.57	25.85	+4.87	+6.60	+26.10	+14.89	+9.52

20.	3508	位速	9.28	119	+3.93	+31.49	-10.19	+45.30	+88.90
21.	2615	萬海	221.83	16.7	+3.73	+10.96	+17.19	+3.41	-13.53
22.	1447	力鵬	71.82	12.5	+5.49	+19.62	+39.35	-4.58	-27.13
23.	1417	嘉裕	37.99	10.75	+3.37	+26.03	+21.88	+6.44	0.00
24.	3443	創意	13.40	118.5	+2.60	+13.40	-2.07	+17.33	+7.64
25.	2367	燿華	54.97	14.25	+2.52	+15.38	+1.42	-2.38	-26.90
26.	5351	鈺創	45.26	12.2	+2.52	+30.20	+10.41	+2.45	-44.24
27.	2313	華通	119.18	12.9	+2.38	+29.00	+12.17	-1.53	-27.32
28.	3042	晶技	30.22	44.9	+2.16	+21.85	+27.56	+18.63	-12.95
29.	3017	奇鋐	33.48	23.6	+2.16	+19.80	+5.59	+16.05	-14.14
30.	4728	雙美	5.45	45.4	+1.91	+32.75	--	--	--
31.	1314	中石化	197.45	35.85	+1.85	+12.38	+16.40	-16.24	+14.56
32.	3060	銘異	16.43	68.6	+1.93	+24.73	+18.07	-3.52	-15.87
33.	2006	東鋼	98.09	30.2	+1.85	+12.06	+11.85	-1.63	-5.08
34.	1102	亞泥	313.68	36.65	+1.38	+5.01	+12.77	-7.11	+30.82
35.	2474	可成	75.04	198.5	+1.02	+18.51	+16.76	-13.12	+74.13
36.	4938	和碩	225.64	38.2	+0.79	+9.14	+21.66	+44.05	+7.08
37.	1737	臺鹽	27.81	23.8	+1.06	+16.67	+0.21	-26.99	+9.99
38.	3176	基亞	11.07	60.6	+0.33	+51.69	--	--	--
39.	9941	裕融	23.58	67.1	+0.75	+24.72	+16.90	-5.49	+23.49
40.	2317	鴻海	1068.91	102.5	+0.49	+17.82	+25.15	+38.33	-0.86
41.	5434	崇越	14.87	52	+0.97	+18.59	+19.82	+26.52	+26.31
42.	4128	中天	27.39	40.1	+0.25	+4.70	+45.55	+11.85	+3.45
43.	2342	茂矽	67.63	5.85	+0.17	+43.73	+54.35	+8.33	-61.64
44.	6108	競國	15.99	22.7	0.00	+15.23	+16.41	-11.33	-10.87
45.	2427	三商電	19.03	13.15	0.00	+27.67	+7.79	-20.06	-14.89
46.	2473	思源	20.20	38	0.00	+7.95	+14.46	+29.91	+14.03
47.	2489	瑞軒	81.90	21.4	+0.23	+29.70	+19.89	+29.07	-5.86

48.	3211	順達科	13.03	161.5	-0.62	+26.17	+43.56	+22.35	+82.79
49.	3035	智原	39.76	46.4	-0.64	+24.73	+74.44	+65.12	-10.99
50.	6120	輔祥	35.21	20.15	-0.25	+15.80	+1.00	+11.33	-20.62
51.	3573	穎台	14.70	48.4	-0.82	+23.16	-13.88	-3.10	-54.98
52.	6153	嘉聯益	32.46	54.1	-0.73	+15.23	+32.27	-10.28	+6.72
53.	2354	鴻準	117.27	130	-0.76	+28.71	+27.45	+20.37	+25.80
54.	2368	金像電	56.49	8.6	-0.46	+17.33	+4.62	-19.06	-37.11
55.	5701	劍湖山	41.57	7	-0.85	+10.94	+4.17	-5.41	-31.03
56.	4722	國精化	7.46	28.5	-1.04	+11.98	+27.23	+23.64	+37.71
57.	2204	中華	138.41	32.3	-1.23	+8.39	+9.49	-1.38	+27.24
58.	2316	楠梓電	34.71	13.45	-1.47	+19.56	-6.92	-32.75	-38.30
59.	2809	京城銀	105.12	19.75	-1.25	+13.83	+7.92	-6.84	+15.50
60.	1802	台玻	227.57	34.6	-1.70	+7.79	+5.97	-9.78	+4.09
61.	6282	康舒	50.83	18.75	-2.09	+2.74	+23.36	+19.79	-12.09
62.	1201	味全	50.61	33.9	-1.88	+5.61	+3.99	-10.32	+2.76
63.	3022	威達電	22.69	43.3	-2.04	+6.39	-5.25	+8.93	+5.45
64.	2457	飛宏	27.49	40.5	-1.82	+7.00	-2.41	-1.46	-12.79
65.	3005	神基	57.21	16.45	-2.08	+16.67	+6.82	-6.57	-3.63
66.	3231	緯創	208.50	46.9	-1.88	+13.01	+23.91	+31.99	+2.10
67.	2834	台企銀	470.98	9.71	-2.12	+6.70	+4.97	-2.43	-15.44
68.	6147	頎邦	59.72	36.9	-2.12	+4.53	+17.14	+50.61	-26.04
69.	2601	益航	27.76	42.4	-2.08	+17.45	-9.98	-37.19	-27.65
70.	2449	京元電	122.49	12.85	-2.28	+26.60	+12.72	+13.72	-21.69
71.	2812	台中銀	223.39	9.79	-2.00	+16.13	+5.84	-13.81	-27.72
72.	2337	旺宏	338.25	12.4	-1.98	+1.22	-3.13	+7.36	-35.38
73.	6192	巨路	10.79	59.9	-2.60	+8.51	-12.55	-26.23	+16.81
74.	911612	滬安	15.58	6.56	-2.81	+30.16	-23.19	-47.94	-28.24
75.	3006	晶豪科	25.98	30.8	-2.22	+18.92	+7.69	+0.98	-43.13

76.	4526	東台	22.21	30.65	-2.54	+9.27	+10.45	-10.51	-14.68
77.	2704	國賓	36.69	36.9	-3.15	+5.73	+6.96	+2.54	-9.18
78.	8011	台通	6.91	47.65	-2.66	+16.93	+22.18	--	--
79.	2312	金寶	145.82	7.7	-3.51	+17.02	+6.65	+5.77	-24.03
80.	2392	正崴	47.68	68.2	-3.54	+4.92	+3.65	-16.22	+24.34
81.	2501	國建	165.65	12.25	-3.16	+16.67	-1.61	-9.93	-16.81
82.	2905	三商行	60.65	30.8	-4.20	+1.99	-4.05	-11.62	+52.00
83.	3698	隆達	39.29	29.7	-2.62	+37.18	+46.31	--	--
84.	1471	首利	20.15	14.35	-4.01	+37.32	+9.54	+21.61	-24.47
85.	9934	成霖	30.70	22	-3.72	+10.28	+13.99	+8.37	-23.64
86.	2481	強茂	37.19	18.65	-3.62	+18.79	+23.51	-17.84	-51.30
87.	1710	東聯	80.52	40.8	-4.23	+0.25	-0.49	-19.21	-1.45
88.	8101	華冠	35.80	26.6	-3.97	+25.77	+32.01	+34.68	+50.28
89.	3615	安可	4.60	87.6	-4.16	+18.06	-4.37	-15.77	+7.03
90.	4942	嘉彰	15.25	48.4	-3.97	+9.88	+5.22	+11.26	--
91.	3596	智易	14.01	44.2	-4.33	+27.01	+21.43	+40.10	-12.16
92.	6286	立錡	14.95	176.5	-3.81	+16.89	+28.83	+15.36	-19.15
93.	2881	富邦金	901.37	33.85	-4.38	+7.29	+9.72	-19.88	-4.07
94.	2363	矽統	65.77	12.6	-4.55	+3.28	+10.53	+0.40	-35.88
95.	3481	奇美電	674.20	15.55	-4.60	+19.62	+10.28	+23.41	-53.23
96.	2201	裕隆	157.29	59.6	-4.79	+9.16	-1.49	-16.17	-3.84
97.	8039	台虹	20.19	42	-4.76	+29.83	+25.75	-12.13	-38.26
98.	6121	新普	28.03	210	-4.76	+6.60	+18.98	-11.95	+23.16
99.	4729	熒茂	10.19	25	-4.76	+23.76	+18.48	-28.06	-41.45
100.	5388	中磊	18.26	36.65	-5.05	+6.70	+11.06	-4.93	+20.83
101.	6271	同欣電	16.25	95	-5.47	+15.85	+14.46	+16.71	-28.42
102.	2409	友達	882.70	15.55	-5.47	+4.01	+6.14	+16.92	-41.57
103.	2327	國巨	220.53	9.8	-5.77	+29.80	+8.53	-1.43	-32.15

104.	1569	濱川	7.40	70	-5.53	+22.16	+4.32	+18.84	+94.21
105.	3218	大學光	6.66	29.7	-5.26	+4.76	+4.21	-11.74	-7.91
106.	2323	中環	279.35	5.59	-6.05	+9.61	-1.58	+13.85	-18.99
107.	3014	聯陽	20.27	31.5	-6.11	+27.53	+6.78	-22.41	-40.44
108.	3324	雙鴻	6.04	37.9	-5.84	+37.82	+31.14	+19.94	+24.88
109.	3598	奕力	6.34	83.3	-6.40	+22.32	+4.52	+30.16	-0.60
110.	2374	佳能	44.55	28.65	-6.68	+7.71	+3.80	-8.42	-32.56
111.	8078	華寶	60.77	64.3	-6.95	+23.42	+43.85	+94.85	+123.85
112.	6239	力成	79.91	70	-6.91	+6.71	-3.18	-0.28	-24.96
113.	1815	富喬	29.06	19.75	-6.84	+13.83	+9.72	-10.98	-35.59
114.	2450	神腦	25.54	122	-7.22	+10.41	+8.93	-13.78	+67.51
115.	1702	南僑	29.41	27.75	-7.50	+13.73	-3.31	-12.32	-24.39
116.	5371	中光電	72.40	24.65	-8.02	-0.40	-4.83	-13.51	-43.09
117.	4523	永彰	6.40	49.5	-8.33	+7.38	-6.60	-22.29	-13.34
118.	2349	錸德	264.72	5.53	-8.44	+24.55	0.00	-6.43	-30.88

我們把表 5-1 一週內表現較好的前三名和後三名提出來看看：

華亞科 2 月 3 日收 6.03 元，2 月 17 日 6.7 元。漲幅 11.1%。

神隆 2 月 3 日收 46.65 元，2 月 17 日 54 元。漲幅 15.8%。

擎泰 2 月 3 日收 85.1 元，2 月 17 日 97 元。漲幅 14%

中光電 2 月 3 日收 28 元，2 月 17 日 24.5 元。跌幅 12.5%

永彰 2 月 3 日收 52.2 元，2 月 17 日 49.5 元。跌幅 5.17%

錸德 2 月 3 日收 5.64 元，2 月 17 日 5.56 元。跌幅 1.42%

為什麼華亞科、神隆、擎泰是漲的，而中光電、永彰、錸德卻是跌的呢？

如果您只看某一檔您喜歡的股票，剛好是「創新高的股票」就急於進場而不

加選擇，那實在是一種錯誤的選股方式。其中神隆漲幅最高（15.8%），中光電跌幅最大（12.5%），這是為什麼呢？以下，我們來比較這兩檔股票的日線圖看看－－

圖 5-3 神隆（1789）日線圖

（圖片資料來源：XQ 全球贏家）

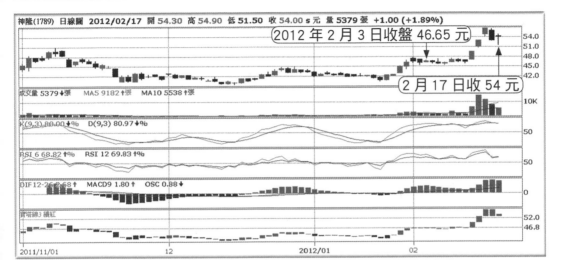

圖 5-4 中光電（5371）日線圖

（圖片資料來源：XQ 全球贏家）

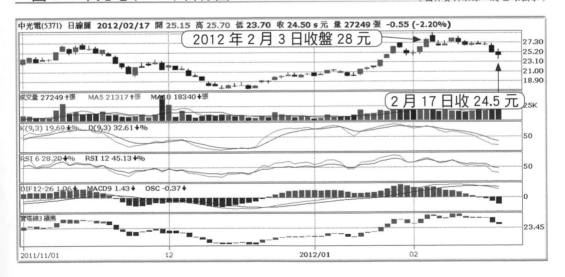

在 2012 年 2 月 3 日的時候，「中光電」是一檔創新高的股票，但是，我們還要看看其他的指標才行。在當時，它的 KD 值就顯示並不良好的狀態。它的短天期和長天期的 KD 幾乎已經貼在一起了，次日更向下穿越了，這是最大的敗筆（RSI 也是一樣）；反觀「神隆」的 KD 值當時還是分離的，而且股價基期比較低，它構築的第二層平台位置比較沒那麼險峻。

從 MACD 來看，「中光電」的紅磚牆已從高點準備往下滑落了，而「神隆」則還沒有那麼高，所以向下的幅度也十分平穩。

「過猶不及」是創新高的股票所需考慮的問題。有時創新高，表示有能力突破，但是會不會繼續突破呢？還必須看看其他的指標。

例如，在技術指標的訊號中，還有一種叫做「買賣盤集中度反轉」。其意義是說，前五日均量大於五千張，集中指標從下降轉成上升，且發散指標從上升轉成下降。

請看圖 5-5，在台積電（2330）的日線圖中，2012 年 2 月 21 日及 2 月 24 日兩天都出現「買賣盤集中度反轉」的訊號，主何吉凶呢？

如果不看看 2012 年 2 月 21 日的位置及其他指標，會以為 2 月 22 日要反轉而上了，結果卻是連跌兩天。可是，2 月 24 日的「買賣盤集中度反轉」的訊號，意義又不同，因為它另外還配合了一個「股價創當日新高」，所以它有可能不再跌了。究竟其命運會不會同 2 月 21 日一樣呢？我們再來看看其他的指標吧！

現在，就以台積電為例，綜合評估一下：

圖 5-5 台積電(2330) 日線圖

（圖片資料來源：XQ 全球贏家）

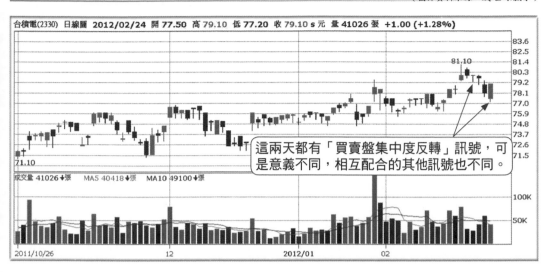

這兩天都有「買賣盤集中度反轉」訊號，可是意義不同，相互配合的其他訊號也不同。

圖 5-6 台積電日線＋ KD、RSI、MACD、寶塔線

（圖片資料來源：XQ 全球贏家）

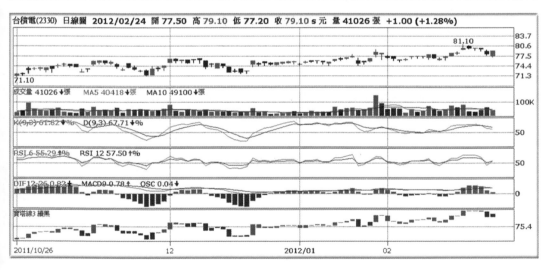

❶台積電這樣的股票，從籌碼面去研究，是枉然的。因為對他感興趣的外資太多，主力群的組成分子並不統一，每天都有人買，也每天都有人賣；遠

期有人買賣，近期也有人買賣，所以既找不出最具影響力的主力，也無法找出主力發動的「關鍵日期」（指開始拉抬的起漲點），也無法盤算主力的成本均價。

❷由於主力群屬於多頭馬車的狀態，反而「人為」的成分少，適合於技術面的觀察。那些有「人為」操縱色彩的股票，比較不適合用技術面判斷，而應以籌碼面因應。

❸2 月 21 日的台積電有「買賣盤集中度反轉」的訊號，其實是比較偏向往下的機會大一些，我們看圖 5-6，可知它的 KD 值、RSI 都準備往下交叉了；MACD 的紅磚牆也縮短了；寶塔線也不好。再看圖 5-7，MTM 和 DMI 也一樣向下彎了；威廉指標在高檔重疊；主力和法人的買盤也縮手了，難怪成交量也縮水了。從以上十種技術指標都宣告不佳，所以在選股上這檔股票就得先行「放下」。

❹我們再來看看 2 月 24 日的台積電，它不但有「買賣盤集中度反轉」的訊號，還有「股價創當日新高」的訊號，當天股價收最高（79.1 元）。我們再看看其他技術指標（圖 5-6）。KD 值、RSI 已有改變方向的跡象，只要 2 月 27 日開高走高，就交叉向上了。MACD、寶塔線尚未翻身向上，但已止跌。再看圖 5-7，MTM 已交叉向上；DMI 還沒改變，得看今天表現；威廉指標已經向上了；主力持股有加溫的現象，法人也不再大賣。所以，綜合來說，台積電在 2 月 24 日有改變命運的機會了。

　　如上所述，同一檔股票由於指標訊號的不同，竟然在短短兩天就有截然不同的選股考量因素。那麼當我們選股時就不要輕易作決定，以免動輒被套。還是多看幾個指標再說吧！

圖 5-7 台積電日線＋ MTM、DMI、威廉、主力、法人　（圖片資料來源：XQ 全球贏家）

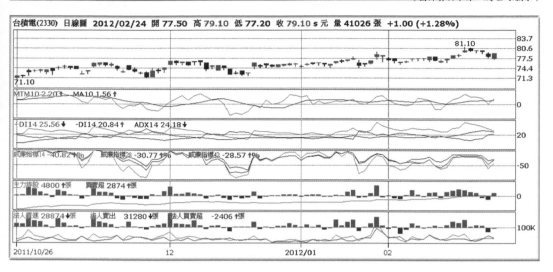

編按：3 月 16 日，本公司編校人員在校對時，看最新的走勢時，果然一
如作者的文中所述，同樣有「買賣盤集中度反轉」的訊號，作者
的解讀果然精確！台積電的股價從 2 月 24 日的 79.1 元，到 3 月
16 日已經是上漲到 83.8 元的高點了。見圖 5-8

圖 5-8　（圖片資料來源：XQ 全球贏家）

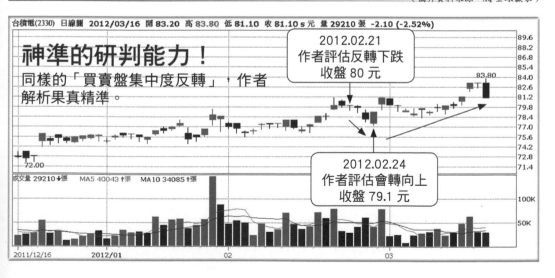

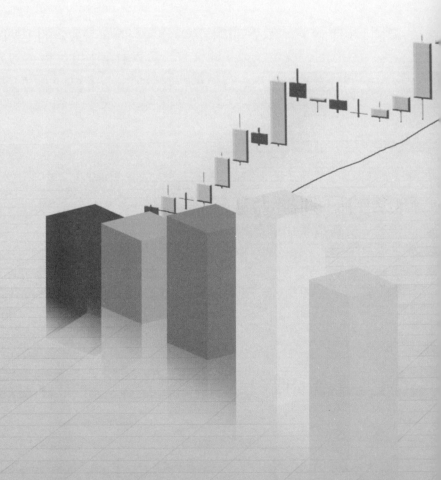

Chapter 6 新指標

短線法寶／外盤暴增股＋暴量股

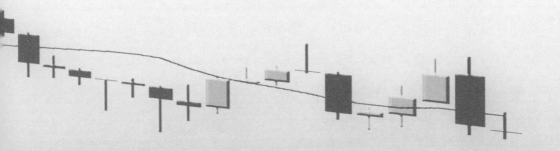

在《籌碼細節》一書中，我教了讀者一招非常簡易而有效的方法，就是「特別急拉的股票，要特別追蹤它的籌碼」。很多讀者寫信時提到這一招令他受益無窮。我想，在這裡可以再進一步深入探討它。

台灣的股票資訊非常透明，明顯的主力——三大法人的進出情況，都必須公開，這是台股的散戶投資人最大的優勢。我們只要鎖定籌碼、跟定主力，從容搭轎、輕鬆下轎，就可以成為贏家。但是，上千檔股票如何每一檔都了解它們的籌碼呢？我的建議就是：先去注意主力股！因為既然台股資訊透明化，對散戶來說就是最大的靠山；我們又沒有內線消息，自然不好捉摸其他的小型股。所以，主力股才是我們最容易掌握的籌碼！當時我舉了一個現身說法的例子，就是「勝德」（3296）。這檔股票在我寫作的那段期間格外突出，開平高之後，一直都在盤下，然而到了某一天下午一時一刻之後，這檔股票突然急拉向上，簡直如一柱擎天般地衝到漲停板的下一檔。圖6-1「勝德」當天的「分時走勢圖」：

圖 6-1 勝德（3296）分時走勢圖　　　　　　　　　　　　　　（圖片資料來源：作者）

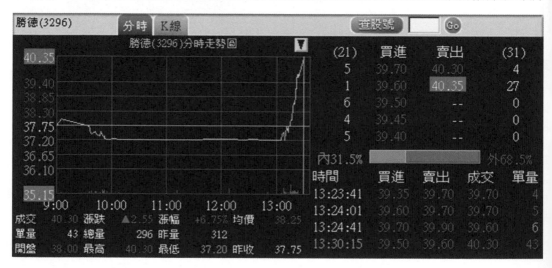

有股票專業軟體的人，可能比較容易逮到類似這樣急拉的股票，但是這檔股票比較不同的是：它並沒有拉到漲停板！這可就不容易受到注意了。因為一般股票專業軟體都會秀出漲停板的個股，一般專業法人操盤人也都是從漲停板的股票去追蹤，因此注意這樣的股票，只有「湊巧」看到的可能性。

在上千檔的股票中，你怎麼可能在短短幾分鐘看到它在衝，且同時跟進、在當天買到？

如果你不是主力的外圍，那除了「湊巧」正在看這檔股票，就很難解釋了。不過，即使有大戶看到也未必敢跟，因為它每天的成交量只有幾百張。有些專業的股票軟體還把五百張以下的股票列入「淘汰」範圍！但是，筆者就是在「第一時間」逮到主力的影子，從而賺到這檔股票的錢。請看我在圖6-2 的註解：

圖 6-2 勝德（3296）分時走勢圖 （圖片資料來源：XQ 全球贏家）

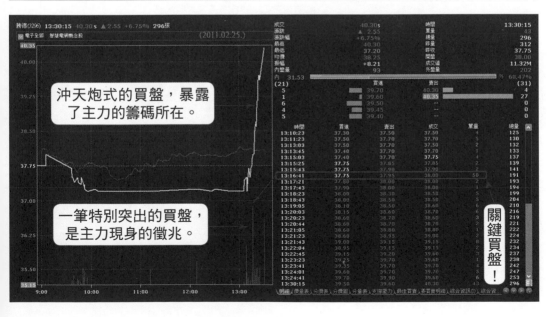

從「分時走勢圖」來看，這是一檔「特別突出的買盤」，筆者認為是主力現身的徵兆。我用的招數是小散戶也可以做得到的妙法，就是「觀察買賣成交明細」，這份資料並非盤後才能看的，而是盤中就可以看到。很少人會去重視這項資訊的。而筆者偏偏就是靠這麼一件小小的工具而「研判」成功！

也許有人會認為才 50 張，未免太小題大作。可是，你要知道，一檔股票的主力不是看他一筆的資金有多大，也許這 50 張只是主力的試盤？說不定在這 50 張買盤的背後，此人還有購買 5000 張這檔股票的實力亦未可知！何況對小型股用太大的資金投入，有時是出不掉的。主力不會那麼傻！

我查出它的五日均量只有 262 張，十日均量只有 185 張，那麼盤中這個 50 張就是大量了。當天的成交量是 296 張，光是這一筆就佔了 16.89%的成交比例，豈能說不大？你說是嗎？

圖 6-3 勝德（3296）日線圖

（圖片資料來源：XQ 全球贏家）

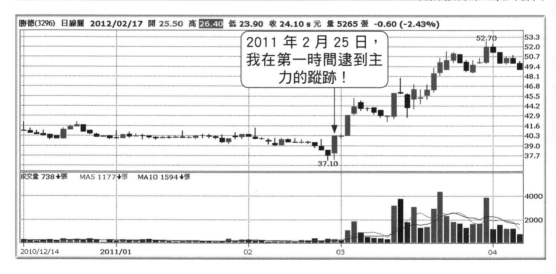

圖 6-3 箭頭所指處，是 2011 年 2 月 25 日主力被我逮到的一天。這是

第一時間啊！可惜我無法預知短期內會攻到 52.7 元，記得 2011 年 2 月 25 日是星期五，連續兩天股市休市。我是第二個交易日 2011 年 3 月 1 日（星期一）才買的，以 40.35 元成交後，股價當天還收 40.3 元，我立刻被「短套」。但是，最後卻賣在 45 元多。

現在回顧它，我雖然賣得太早，可是卻是穩賺的。我們無法知道這個主力的「能耐」究竟有多大，仍以「落袋為安」因應較佳，所以我後來也並未繼續觀察它。畢竟我和一般投資人的心態是不一樣的，我是以研究心態在追蹤個股（我只買一張），所以賣掉勝德以後，就繼續追蹤其他的強勢股了。讀者如果資金充足，是可以繼續抱股、繼續觀察，一旦發現賣出後仍強，還是可以追回來的。

▶Point *01* 觀察主力股的奧祕，只能做、不能說

「勝德」這檔股票，我是如何「研判」成功的呢？方式就是看「外盤大筆成交」揣測成交背後可能有大戶介入。記住！這是「可能」而已，並非「一定」。必須再從籌碼細節求證、從各種指標觀察，才能下定「有主力」的結論。

我主要是從融資融券餘額的籌碼細節去追蹤的，所以主力幾乎無所遁形。籌碼的細節使我決定搶短。至於如何搶短呢？奧秘就是咬定主力的籌碼——股票成本。做法很簡單，就是 38 元的那一筆 50 張，就是主力的成本。然後，你必須看看當天的勝德的「均價」，當天的均價是 38.25 元，果然很接近主力的成本區。也就是說，2011 年 2 月 25 日根本就是主力在唱獨角戲，

整場都是他在擔綱演出。只要他守住籌碼，守住他的本錢，我們搭轎者就不必驚慌，可以不必下車。如果他守不住 38 元，主力就賠了錢，咱們也得跟著殺出才行。因為他是老大！最後，這位老大把股價操作到 52.7 元（2011年 3 月 1 日）的高價，才慢慢出貨。現在回顧起來，筆者認為這位主力的操作手法是相當高明的。

　　我寫這檔股票的時候是在我賣出股票的時間點，但從寫作到書出版，難免有些時間的落差。我的出書時間是 2011 年 4 月初，主力的最高點剛好在我的出書之後。當初我真不該公布主力的券商名稱！因為自從我書上露骨地揭開其中的奧祕後（編按：「勝德」的範例出現在「股票超入門 10- 籌碼細節」），主力似乎再也不敢玩「勝德」了。勝德從 52.7 元的高點，開始慢慢滑落，從未再向上攻堅。一直到 2011 年 9 月底的 15.7 元才算止住跌勢。從 3月底到 9 月底，足足半年。主力不敢再玩這一檔股票。從 52.7 元跌到 15.7元，差價 37 元，跌幅高達七成！

圖 6-4 勝德（3296）日線圖

（圖片資料來源：XQ 全球贏家）

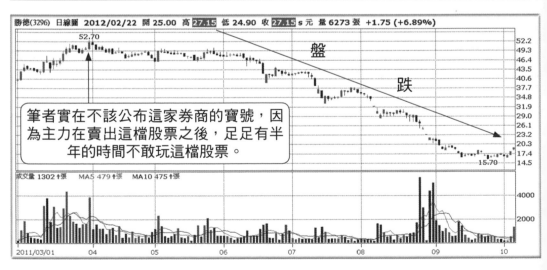

筆者不敢自栩自己的書有那麼大的影響力，但像我完全無保留揭示股價內幕的人並不多，主力聞風來「偷偷」看我的書也並非不可能。事實上，我早就知道有一些法人機構的作手在「偷偷」看我的書（但是他們不願意承認，只會說自己平常看的都是國外的洋文書），從前我都會把自己的成交單公布出來，現在都已經改正過來了。今後我會小心，不再講「正在進行中」的個股，以免被「反操作」。既然我能追蹤到主力資金的流向，他們當然也能反過來修理我。所以，我常常認為，贏家是屬於少數人的事，特別是股票這門學問。股市為什麼有「不傳之秘」，就是因為有時候，股票這玩意兒是「只能做、不能說」的，這才是內行人講的話，讓看得懂的人自己享受其中的樂趣即可，犯不著公開「賤賣」天機。天機不可洩露！以前我想和認識的頂尖基金經理人合作寫書，他們多半不肯，原因就在於此。而我為什麼願意寫呢？是因為我覺得股市是很複雜的環境，充滿了陷阱，希望思想單純的小散戶能不再賠大錢，甚至因學到股票操作的高明密技而積小富成大戶啊！我知道以我的刻意低調（婉拒上電視座談、出版拋頭露臉的 DVD），不會吸收到廣大的讀者群，但事實上我就只想讓少數有緣的讀者成為贏家即可。恆兆文化出版公司的老闆也很「知足常樂」，和我有一樣的心態。我們都不想大力宣傳我們的書，只讓少數真正用功的讀者翻身成為贏家即可。這就是我們出書的心願！

　　話說回來，「勝德」一役，筆者用的是觀察買賣交易明細，作為成功的基石。現在我要進階地告訴您：觀察個股「外盤暴增股」則是一種比較專業的選股手法。

什麼叫做「外盤暴增股」呢？用比較專業的解釋是「五日均量大於兩千張，內外盤比大於 2，內外盤比大於五日均值的 1.5 倍，前一分鐘漲幅大於 1%。」

舉個例子來說，2012 年 2 月 6 日的「嘉裕」（1417）、「華上」（6289）、「廣明」（6188）、「龍邦」（2514）、「信昌電」（6173）、「喬鼎」（3057）、「國精化」（4722）、「六福」（2705）、「聚亨」（2022）、「亞電」（4939）、「可成」（2474）、「中工」（2515）等 12 檔股票，就是「外盤暴增股」。

以下來看看它們的日線圖－－

圖 6-5 嘉裕（1417）日線圖

（圖片資料來源：XQ 全球贏家）

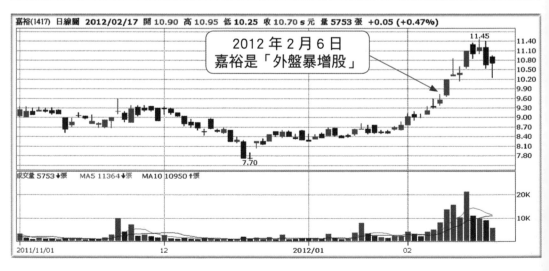

圖 6-6 華上 (6289) 日線圖

（圖片資料來源：XQ 全球贏家）

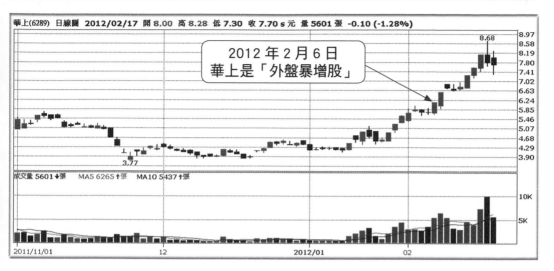

2012 年 2 月 6 日
華上是「外盤暴增股」

圖 6-7 廣明 (6188) 日線圖

（圖片資料來源：XQ 全球贏家）

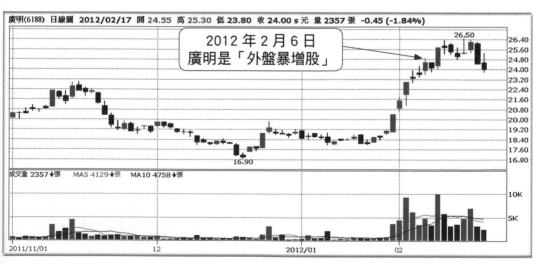

2012 年 2 月 6 日
廣明是「外盤暴增股」

圖 6-8 龍邦 (2514) 日線圖

（圖片資料來源：XQ 全球贏家）

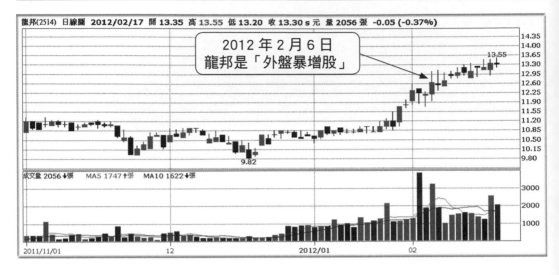

2012 年 2 月 6 日
龍邦是「外盤暴增股」

圖 6-9 信電昌 (6173) 日線圖

（圖片資料來源：XQ 全球贏家）

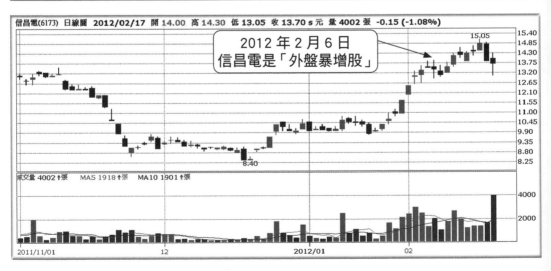

2012 年 2 月 6 日
信昌電是「外盤暴增股」

圖 6-10 喬鼎 (3057) 日線圖

（圖片資料來源：XQ 全球贏家）

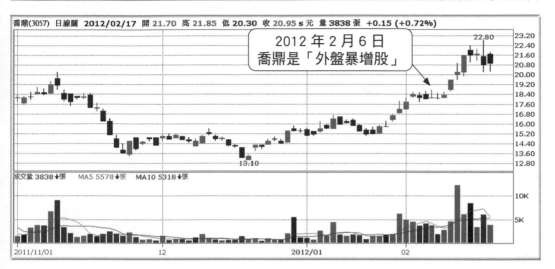

2012 年 2 月 6 日
喬鼎是「外盤暴增股」

圖 6-11 國精化 (4722) 日線圖

（圖片資料來源：XQ 全球贏家）

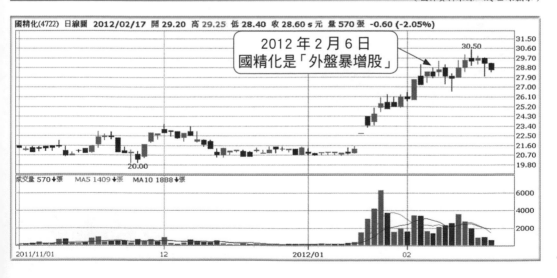

2012 年 2 月 6 日
國精化是「外盤暴增股」

圖 6-12 六福（2705）日線圖

（圖片資料來源：XQ 全球贏家）

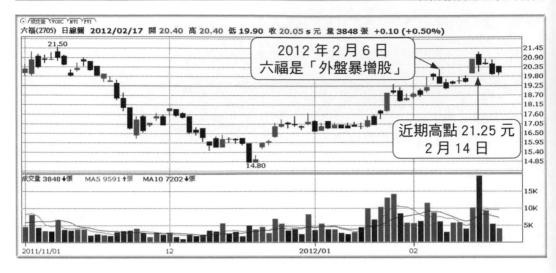

六福(2705) 日線圖 2012/02/17 開 20.40 高 20.40 低 19.90 收 20.05 s 元 量 3848 張 +0.10 (+0.50%)

2012 年 2 月 6 日
六福是「外盤暴增股」

近期高點 21.25 元
2 月 14 日

圖 6-13 聚亨（2022）日線圖

（圖片資料來源：XQ 全球贏家）

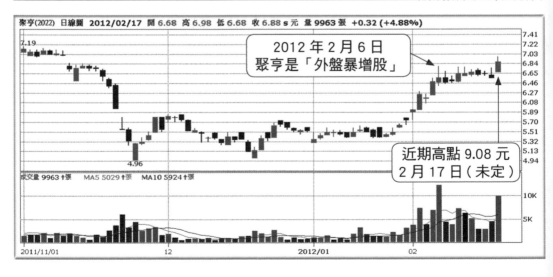

聚亨(2022) 日線圖 2012/02/17 開 6.68 高 6.98 低 6.68 收 6.88 s 元 量 9963 張 +0.32 (+4.88%)

2012 年 2 月 6 日
聚亨是「外盤暴增股」

近期高點 9.08 元
2 月 17 日（未定）

圖 6-14 亞電（4939）日線圖

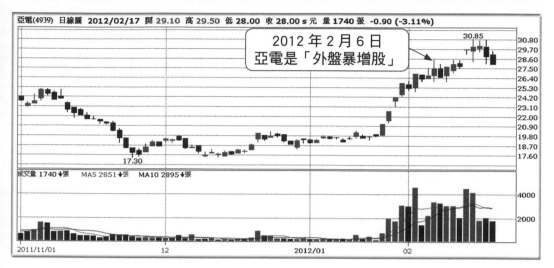

2012 年 2 月 6 日
亞電是「外盤暴增股」

圖 6-15 可成（2474）日線圖

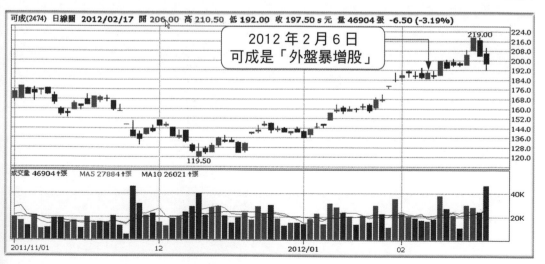

2012 年 2 月 6 日
可成是「外盤暴增股」

圖 6-16 中工（2515）日線圖

（圖片資料來源：XQ 全球贏家）

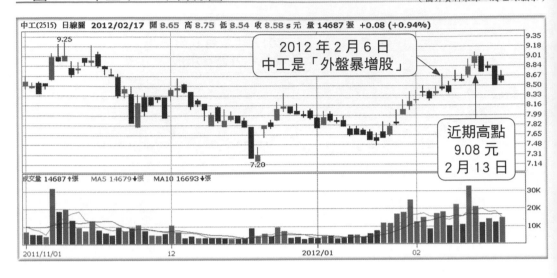

中工(2515) 日線圖 2012/02/17 開 8.65 高 8.75 低 8.54 收 8.58 s 元 量 14687 張 +0.08 (+0.94%)

2012 年 2 月 6 日
中工是「外盤暴增股」

近期高點
9.08 元
2 月 13 日

成交量 14687↑張　MA5 14679↓張　MA10 16693↓張

表 6-1：2012 年 2 月 6 日【外盤暴漲股】的表現一覽表

（方天龍製作）

	代號	股名	2 月 6 日成交量	5 日均量	10 日均量	收盤	近期高點	出現日期	差距天數
1.	1417	嘉裕	5003 張	3679 張	2788 張	9.33 元	11.45 元	2 月 15 日	第 7 個交易日
2.	6289	華上	5397 張	3447 張	2943 張	6.14 元	8.68 元	2 月 16 日	第 8 個交易日
3.	6188	廣明	4783 張	5585 張	3360 張	24.55 元	26.5 元	2 月 14 日	第 6 個交易日
4.	2514	龍邦	1868 張	2427 張	1900 張	12.55 元	13.55 元	2 月 17 日	第 9 個交易日
5.	6173	信昌電	2021 張	2242 張	1686 張	13.4 元	15.05 元	2 月 15 日	第 7 個交易日
6.	3057	喬鼎	3729 張	4207 張	3362 張	18.15 元	22.8 元	2 月 16 日	第 8 個交易日
7.	4722	國精化	1371 張	2261 張	2887 張	28 元	30.5 元	2 月 14 日	第 6 個交易日
8.	2705	六福	5996 張	7525 張	8923 張	19.4 元	21.25 元	2 月 14 日	第 6 個交易日
9.	2022	聚亨	12336 張	6858 張	4367 張	6.57 元	6.98 元	2 月 17 日	第 9 個交易日
10.	4939	亞電	3361 張	2910 張	2212 張	27.5 元	30.85 元 (未定)	2 月 14 日	第 6 個交易日
11.	2474	可成	16267 張	18766 張	20649 張	190 元	219 元	2 月 16 日	第 8 個交易日
12.	2515	中工	17967 張	14086 張	15318 張	8.45 元	9.08 元	2 月 13 日	第 5 個交易日

2012 年 2 月 6 日的「嘉裕」（1417）、「華上」（6289）、「廣明」（6188）、「龍邦」（2514）、「信昌電」（6173）、「喬鼎」（3057）、「國精化」（4722）、「六福」（2705）、「聚亨」（2022）、「亞電」（4939）、「可成」（2474）、「中工」（2515）等 12 檔股票，它們在成為「外盤暴漲股」之後，短線上多半成為強勢股。

根據筆者調查研究，大約在 5 ～ 8 天之後，就有更高點可期（見表 6-1）。

▶Point 03 股價漲跌的原理，也有基本面的因素

「外盤暴增股」在短時間內急劇彎身向下的股票，當然也有。只是機率較少而已。在我的印象中，2012 年 2 月 6 日的「外盤暴增股」研究、追蹤加上統計的結果，似乎只有長榮航（2618）和華航（2610）是失敗的。沒辦法！它們在 2009 年、2010 年之間漲得實在凶，不好好休息一下也不行。「長榮航」從最低的 5.71 元漲到最高的 37.6 元，漲幅高達 6.58 倍；而「華航」則從最低的 5.01 元漲到 26.15 元，漲幅也有 5.22 倍！

我的一位讀者告訴我，他們家的股票被「長榮航」套了幾百張，我看了一下他們購買的時間點似乎晚了一點，但是顯然他們當時也發現長榮拚命在漲，才使他們產生興趣，從而大量採購。我以自身經常來回兩岸購買機票的經驗為例，來解釋「長榮航」股價為什麼大漲。因為光是從台灣到廣東這一段的機票，價格就有很明顯的變化（我大約一個半月就要前往上海一次）。一般我是先從台北到澳門，再由廣東換乘內地的飛機。記得 2008 年底，我買便宜機票價格先是五千多，後來就變成六千多，不久又成了七千多，後來

竟然是八、九千，去年（2011 年）漲到一萬多了！短短時間內漲了一倍！
這樣的「基本面」，實在讓「技術派」的股票操作者難以捉摸。大部分人注
意到它們的股價大漲的時候，都已經晚了。

　　現在，大家不妨欣賞一下這兩檔股票是如何偷偷在漲，請看圖 6-17 和
圖 6-18。

圖 6-17 長榮航 (2618) 週線圖 （圖片資料來源：XQ 全球贏家）

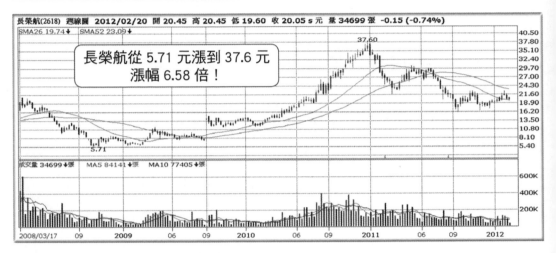

圖 6-18 華航 (2610) 週線圖 （圖片資料來源：XQ 全球贏家）

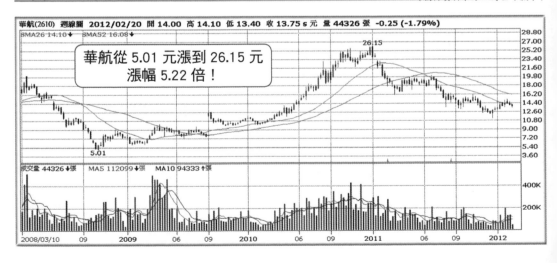

不過，照近期（2012年）的機票價格來看，已經很難再繼續上漲了。那麼股價漲不動，自然是很合理的。

以上是從基本面來印證股價漲跌的道理。那麼，技術派如何解釋這兩檔個股今年開紅盤卻很難有好行情？很簡單，它們的 SMA26 都已經穿越 SMA52 而下了，會好到哪裡去呢？

▶ Point **04** **「外盤暴增股」與「暴量股」常常不期而遇**

基本上，「外盤暴增股」是觀察波段的可能上漲因素。從「土法煉鋼」的角度來說，也可以直接觀察「買賣成交明細」的資料。如果有股票專業軟體，當然直接看有哪些是「外盤暴增股」再從中選擇標的，也是很有勝算的選股方法。不過，必須記得的是，絕對不要用一種指標來選股。所有股票的道理都是一樣，千萬不要看某一種數據不合實情，就覺得奇怪。這是很正常的，投資股票一定得靈活運用，所有的數據只是協助你「研判」而已。最重要還是「研判」！

雖然很多專家都說，技術分析只是事後追蹤，事後的陳述事實，無法預測未來。這話並沒有錯。但是，如果「完全」不能預測未來，那我們怎麼知道股價會漲會跌，從而看多、看空呢？不能分辨多空，那豈不是每戰必敗？如果像盲人騎瞎馬一樣，我們如何贏？我們投資股票不是想賺錢嗎？所以，我們是藉用已知的，來推敲未知的。「百發百中」雖未能至，然心嚮往之。這才是玩股票的樂趣啊！

不過，股票專業軟體中還揭示有一種叫做「暴量股」，這可是和「外盤

暴增股」不一樣的意思。「暴量股」是指股價上漲，且五日均量大於2000張，股價漲跌幅優於大盤表現，目前的成交量是過去五日同一時間平均成交量的五倍。

以2012年2月22日的華冠(8101)為例（圖6-19），華冠2月22日即是一檔「暴量股」。首先，當天的股價都在盤上。五日均量也大於2000張（實為14096張），它在某一段時間經軟體測出它比過去五日同一個時間的平均量還大五倍以上。事實上，「暴量股」往往是接續在「外盤暴增股」之後產生。「華冠」便是一個好例子。我們再看圖6-20，它在2012年2月21日就產生了三個指標訊號：(1)、外盤暴增股。（2）、股價創當日新高。(3)、買賣盤集中度反轉。而2月22日也產生了三個指標訊號：(1)、暴量股。（2）、股價創當日新高。(3)、多空勢力線。

在選股的時候，各種指標的訊號越多，它的準確度就越高。

圖 6-19 華冠 (8101) 分時走勢圖

（圖片資料來源：XQ 全球贏家）

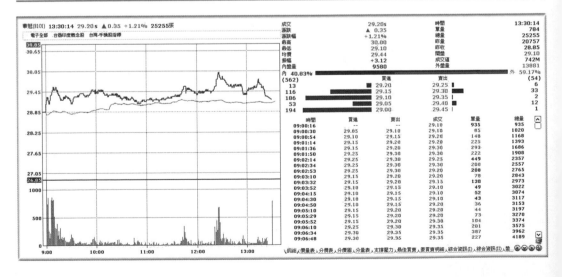

圖 6-20 華冠 (8101) 日線圖

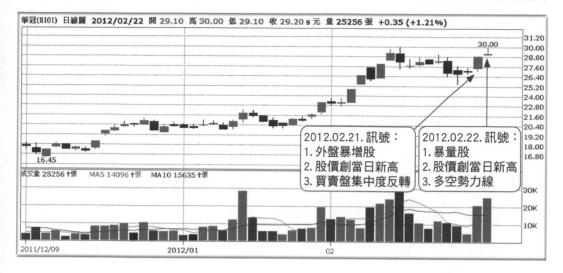

（圖片資料來源：XQ 全球贏家）

2012.02.21.訊號：
1. 外盤暴增股
2. 股價創當日新高
3. 買賣盤集中度反轉

2012.02.22.訊號：
1. 暴量股
2. 股價創當日新高
3. 多空勢力線

▶Point *05* 價量突然特別突出，可信任卻不可信賴

　　除了「外盤暴增股」之外，還有一種叫做「價量突然特別突出」的股票。我們從股票專業軟體中去找「價量突然特別突出」的股票，就可以發現哪些股票「正在大漲」，看這種電腦條件設定的股票，應該是最快的了。我們可以從盤中就獲得訊息，而及時發現選擇飆股的機會。有些券商也提供一些設定條件的軟體，供貴賓室的大戶使用。如果沒有軟體的人，也可以在自己設定的個股中，注意「買賣成交明細」，看看哪些股票突然有大單成交。

　　「價量突然特別突出」的股票，它的專業定義是：最近五分鐘漲幅領先大盤 2%，且這五分鐘內有出現五筆以上成交量超過 100 張以外盤價成交者。這的確是比我們用肉眼去觀察要快多了。但是，出現太多時，偶而也會眼花撩亂。基本上，在做當沖時，這可以幫助我們注意哪些股票「正在攻堅」。

根據我的經驗，前一天晚上一定要把功課做好，心裡已有某些「鎖定的個股」，否則臨場一定手忙腳亂。我說過，無論如何非得多看幾個指標不可，斷然不能只看某一檔股票正在強力買進，就跟著市價追它。因為這也有可能是「攻假的」、「攻虛的」，也就是主力可能是拉高出貨。什麼叫做「拉高出貨」呢？說得明白點，就是買 800 張，出 1000 張，再買 200 張，出 600 張……這樣子在出貨。而在你看起來就以為主力正在強攻（也顯示出價量突然特別突出的訊號），散戶很單純，很少想到「對敲」這回事。所謂對敲就是主力左手進、右手出。這樣到結果，就會不同了。

最後，我們來看看，以下兩張圖就是不同的結局，而在盤中我們從股票軟體中都得到「價量突然特別突出」的訊息。

圖 6-21　　　　　　　　　　　　　　　　　　　　（圖片資料來源：XQ 全球贏家）

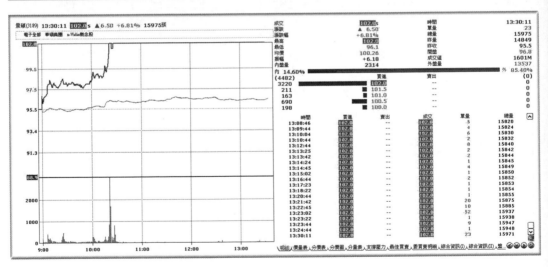

圖 6-21 的「景碩」（3189）和圖 6-22 的「昱晶」（3514），都是 2012 年 2 月 22 日的「分時走勢圖」，在盤中都曾經有「價量突然特別突出」

的訊號，但是兩者的結局渾然不同。「景碩」不到上午十時半就拉漲停了；而「昱晶」卻呈「拋物線下降」，收盤甚至比開盤的價格還更低。相信看到訊號買進的人多半「短套」了！

圖 6-22

（圖片資料來源：XQ 全球贏家）

這又牽涉到我所說的「判斷」了。如果您前一天晚上做了功課，就比較知道取捨。

理由如下：

一、景碩不用多說，它當天的表現非常強勢，並且是盤中直拉上漲停的，如果你前一天已鎖定這檔股票時，不用軟體通知，你看到它在急拉的那種姿態就知道它夠強了！盤後我們再看資料，發現它是主力買超的第六名。主力砸進去的金額確實不少。

二、昱晶量大不漲，是最大的敗筆。凡是「量大」的股票，一定要「價揚」，否則就是有人在搞鬼，不是在「出貨」，就是在玩「對敲」。反正就

是沒有實實在在地把金錢砸進去就是了。筆者在《主力想的和你不一樣》（恆兆文化出版）一書第4篇中大談「主力虛掛買單」的部分，曾經贏得不少讀者的喝采，認為是相當有啟發性的知識。其實長年看盤的老手都是「知其然，不知其所以然」，筆者用實際的例子一揭穿，就引起了共鳴。筆者一向是下了功夫去追蹤個股資金流動的實況。有時甚至不惜用錄影的方式拆解每一筆主力的動作涵義，所以有一陣子，我玩當沖玩得很凶，幾乎每戰必捷，因為我早就研判出主力今天可能要怎麼做。我並無法「未卜先知」，但是我會預先設定幾個可能性，只要他一動，就可以判斷預先設定的幾個答案中，究竟比較接近哪一個。這其中是有很細微的判斷方式的，例如量多大、算是大？量多小，才是小？有時並非憑一個數據來下斷言，而是經驗的直覺。

舉例來說，我在研究某一檔個股時，發現某一位主力在2012年2月20日買了某股票700張，次日又買了300張。但是很奇怪的是，為什麼2月20日大買700張行情下跌，2月21日買300張卻反而漲呢？

——因為買700張那天的總量是8269張，他的買盤只佔總成交量的8.46%，所以買力不如賣力，因此跌了；而次日由於大盤不好，大家都縮手，主力卻買了300張，在2402張的總成交量裡，佔了16.44%，這樣的買力相形之下就顯得大了。所以第二天就漲了！這樣的邏輯，您一聽就懂了、覺得很簡單，可是在我未說之前，您不見得會如此研判。

三、「景碩」的MACD已經在攻擊發起線了，「昱晶」卻尚未整裝完畢；前者的RSI已經分開，後者則還疊在一起。

四、媒體的利多、利空消息，也會影響當天走勢，研判時也得把它納入考量範圍。「景碩」在前一天有個好消息，就是在農曆年前獲得FCCSP(晶

片尺寸型覆晶基板）急單，可望支撐第一季的營運表現，且訂單能見度將持續到 3 月底，法人認為，景碩第一季營收季減幅度可望從 5 ～ 10%，壓縮至 3 ～ 5% 以內，這是優於預期的。反之「昱晶」則有些不利的消息，特別是受害 2012 年台灣「新興能源市場衰退」之說。工研院 IEKITIS 指出，雖然占國內新能源產值逾 9 成比重的太陽光電產業在第一季產值較前一季回復，但尚未達到去年同期水準，2012 年整體新興能源產業產值恐將不如 2011 年，呈現連續第二年衰退，預估 2012 年新興能源產業產值為新台幣 1643 億元，較 2011 年衰退 4.7%。

　　五、凡是消息面影響的，常常是短期走勢。例如 2 月 22 日盤後，「昱晶」又祭出「太陽能急單效應持續，台廠已開始洽談 4 月訂單」、「需求夯！太陽能電池模組廠阿特斯調高財測，盤後漲 8%」等等消息，是否隔天走勢又有變化，最好都能「且戰且走」、「邊打邊看」，選股的策略也應當如此。

圖 6-23 景碩（3189）日線圖　　　　　　　（圖片資料來源：XQ 全球贏家）

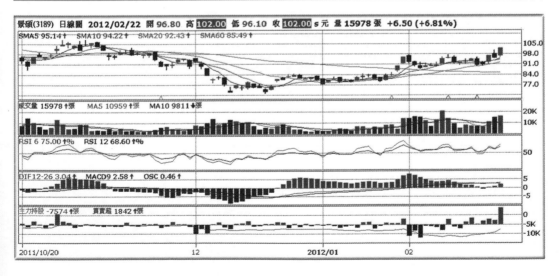

圖 6-24 昱晶（3514）日線圖

（圖片資料來源：XQ 全球贏家）

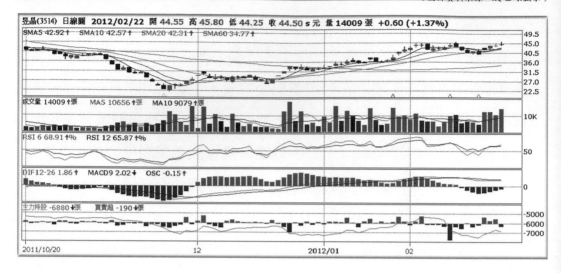

投資智典系列

股票獲利智典①

技術面篇

定價：199元

作者：方天龍

股票獲利智典④

5分鐘K線篇

定價：199元

作者：新米太郎

股票獲利智典②

股價圖篇

定價：199元

作者：新米太郎

股票獲利智典⑤

期貨當沖篇

定價：199元

作者：新米太郎

股票獲利智典③

1日內交易篇

定價：199元

作者：新米太郎

股票獲利智典⑥

超短線篇

定價：249元

作者：新米太郎

【訂購資訊】　　　　　　http://www.book2000.com.tw

郵局劃撥：帳號/19329140 戶名/恆兆文化有限公司

ATM匯款：銀行/合作金庫（代碼006）/三興分行/1405-717-327091

貨到付款：請來電洽詢　📞 02-27369882　📠 02-27338407
　　　　　　　　　　　　TEL　　　　　　　　　　FAX

電話郵購任選二本，即享85折　買越多本折扣越多，歡迎洽詢

第 3 部

看解密

資產倍翻

好犀利

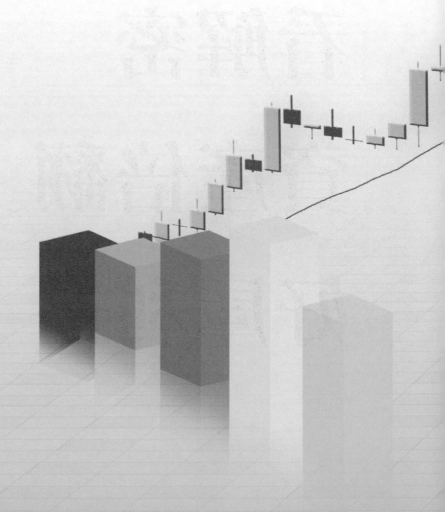

Chapter 7 新理論

艾略特波浪計算，神準揭秘

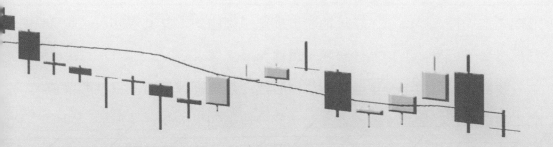

一位常常寫信給筆者的讀者說，他很用功看我的書，但是不知怎麼回事，他對於選股總是不太有把握，巴不得我就在他的身邊指導。由於我曾經接過很多次他的信，都是問個股的「命運」如何。我剛開始時很有耐性地一一為他解盤，但我後來發現他老是選擇一些「溫吞」的大牛股，坦白說，那些股票我都懶得看，還要我告訴他什麼呢？他選的股票動輒往下走。尤其在今年（2012 年）股市大漲的時候，他不但無福享受「報復性的回升」（指多頭去年頻頻挨空襲，開紅盤日連續大漲六天）的樂趣，當大盤漲太多了、稍作休息的時候，他的股票卻連續跌了五天。

　　由於不忍心他一直賠錢，我偶而也會告訴他我買的是什麼股票，提供他參考。但是，後來發現他都沒進步，就改變策略，要他以後再問什麼股票的時候，一定要告訴我「你買這檔股票的理由是什麼」，藉以激發他的自省，這樣才是「授人以漁」。結果他終於寫出了理由：「某某券商買了很多，一直都沒賣。可是，不知為什麼我一買就套了？」

　　我從日線圖看了一下他買的那檔股票，再去瞧瞧他買的日期和價位。天吶！他買的正好是這一波的最高點！然後連續四天的盤跌，形成了股價「走下坡路」的狀態。股市新手常常買到這種「下坡路」的股票，表示購買的時間點不對。股市其實是很合乎「牛頓運動定律」的，也就是價格往上走，就會繼續往上走；往下走，就會繼續往下走。當然，這只是賭機率。如果股價已經往上走了一大段，你還期望他繼續往上走，那就容易失敗在「貪得無厭」了；如果股價已經跌了一大段，你還期望它繼續往下走，那就容易失敗在「殘忍無情」了。

　　那麼，什麼時候是高點、什麼時候是低點呢？什麼時候可以作多、什麼

時候適宜作空？就是股市最大的學問──研判。

如果不曉得大盤的多空方向，就不是順勢而為；如果不曉得個股適宜買進或賣出的時間點，就常常是逆向而為。因為即使是大盤多頭時期，也有些個股是空頭格局（一再盤跌）；即使是大盤空頭時期，也有一些個股是多頭格局（不跌反漲）。這都要懂得「研判」，才能掌握「多空」勢力的消長！

股票專業軟體有比較詳盡的籌碼資料，但是不懂得研判的人，也如手持青龍偃月刀卻不知如何揮舞一樣，寶劍早晚也會被「大盤」打落在地上。例如，前述這位讀者他的理由是這檔股票有一家券商主力買了很多很多。事實上，哪一檔股票沒有主力？沒錯，主力是不會隨便賠錢的。但是，主力買很多的股票，其實也正是一種潛在的賣壓。由於他買股票的時間較早，當時股價還很低，所以即使最近五天股價都是盤跌的，對他來說，只不過是「小菜一碟」！假如他過去陸續買的股票，平均價位是 28.3 元，最近由 39 元連續盤跌成為 35.9 元，對他來說，是沒太大影響力的，可是如果你是 39 元買的，當然就受不了了。而主力放任它盤跌，可能是覺得適度回檔也好消除一些浮額，所以並不急於護盤。一旦他要拉的時候，連續拉個兩、三個停板，他又大賺了。所以基本上，主力「錢多」就是他的優勢，他能影響行情的起落。我們小散戶就是在主力群的夾縫中求生存，所以要懂得研判－－

一、主力什麼時候買的股票？

越靠近現在，主力的平均成本越高，護盤的積極性越高；如果主力很早就買了，那這樣的「買盤」（買力）就不算數，因為很可能轉成「賣壓」（賣力）。買賣力道，需觀察主力的買賣時間點以及總平均價位才行。

請看圖7-1，這是2012年2月20日筆者在寫作期間顯露強勢的股票「台星科」（3265），非常適合作多。不過，和本書出版已有時間的落差，所以參考一下即可。

　　圖的最上方，是該股的走勢（日線圖），其下為成交量的走勢，再其下為幾家買超量比較大的主力，我們從圖上可以得知主力買的時間點比較接近2月20日，這就是適合作多的股票。相反的，如果主力買股票的時間點較早，那就比較可能賣出股票，我們也就不宜於跟進。

　　筆者在2012年2月21日盤後就發現，該股最大的主力第一天買股票的時候，平均成本價才22.1元，到2012年2月20日收盤已經33.7元，差價如此大，就潛藏了一股賣壓，果然次日（2月21日）他就減量經營了。幸好當天他出股票的時候，仍有幾位新主力大戶介入，所以尾盤仍可以收高。

圖 7-1 台星科（3265）日線圖　　　　　　　　　　　　（圖片資料來源：XQ全球贏家）

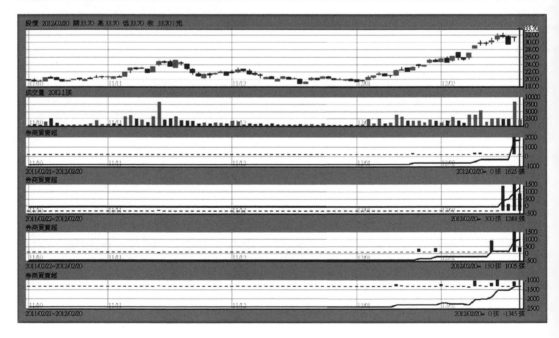

二、他可不可能繼續買超？

前面說到台星科近期最早、最大的主力，有減量經營的動作。筆者認為這是一個好主力，他股票買很久了才賣，跟進的人不會受傷。然而，如果碰到專吃散戶豆腐的「隔日沖主力」，今天買，強勢到吸引散戶介入，隔一天就通通倒出來。散戶立刻套住了。怎麼辦呢？只好熬下去了。

不過，如果懂得學習當沖的讀者，就還能自保。大不了，發現不對，可以立刻軋掉。所以，當沖是救命良丹，不可不學。

如果無法看盤的人，就該研究主力「可不可能繼續買超」的問題。只有近期連續買超的主力，才適合我們跟進！

能在他第一天大買超就搭上了轎子，當然最好。如果碰到玩隔日沖的主力，您可別隨便送死啊！

我們以台鹽（1737）來作說明！請見圖 7-2，這是台鹽 2012 年 2 月 21 日的「分時走勢圖」，是開高走低的格局；而右下角附上的小圖，則是 2012 年 2 月 20 日的「分時走勢圖」，是開平走平、尾盤拉高的格局。

如果研究籌碼，會發現台鹽在 2 月 20 日的走勢中，已有一位主力悄悄介入，而且是新主力，並非目前市場上最強勢的嘉義虎尾幫，而是其他的主力。這位主力從 24 元開始，一路買進，最高價買到收盤價 24.5 元，平均價位是 24.1 元。他買進了一千張，影響不小，因為他買的股票就佔了當天成交量的四分之一的比例。這不叫主力，叫什麼？

然後，到了第二天，2012 年 2 月 21 日，這檔股票在開盤就以高價出現—— 25.2 元，漲幅是 2.85%。然後，從看分時走勢圖就知道，他用兩小筆買單拉高股價（最高點是 26 元），接著就倒給所有跟進的散戶了。我們可

以明顯看出，這檔人為操縱的股票一路下滑到收盤，一點也不客氣。追高的散戶全死了！

　　現在，讀者大人們，你們總該知道自己的墓誌銘該怎麼寫了吧！

　　根據筆者以他所賣的均價 25.69 元來算，他一天之內賺了 143 萬元左右。這全是散戶的民脂民膏啊！

圖 7-2 臺鹽（1737）分時走勢圖　　　　　　　　　　（圖片資料來源：XQ 全球贏家）

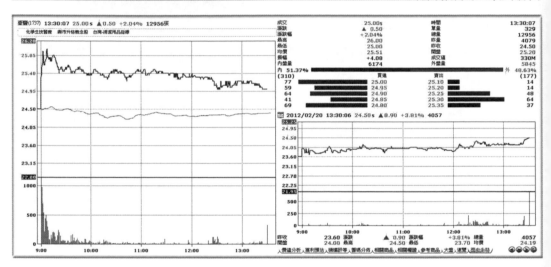

　　既然如此，散戶要「火中取栗」，就要靠自己，也就靠自己「研判」的功夫。因為「改變別人，不如改變自己」。你想叫政府規定嚴禁主力「隔日沖」是不可能的；上有政策，下有對策。何況什麼是主力呢？如何定義？500 張以上才是主力嗎？每筆只買賣 499 張的做法，不就是對策嗎？所以，不要想干涉主力的任何動作，他們也是和你我一樣，不過是為了賺錢嘛！所以，最根本的解決之道，就是「做好你自己」，學好選股的技巧、學好研判的能力、學好當沖的避險方法，然後「以毒攻毒」、「以短制短」，這樣就不會受傷了！

本篇裡，我想教讀者的是，如何判斷多空？要懂得現在究竟是應該作多，還是作空。最好的方法就是觀察月線與季線之間的關係。不過，在談到這個之前，我們得先說說艾略特的「波浪理論」，這是研判多空的重要工具。

什麼叫做「艾略特波浪理論」的八波段呢？

艾略特波段理論是今天股市波段理論的經典，它產生的時間比道氏股價理論晚一點，應該從道氏的理論基礎繼續研究出來的結晶。這對我們現今的技術分析極有影響力。

基本上，圖7-3就是多頭市場的八個完整的波段。第一、第三、第五、第七波都是上升波；第二、第四、第六、第八波，則是下跌波。

圖 7-3

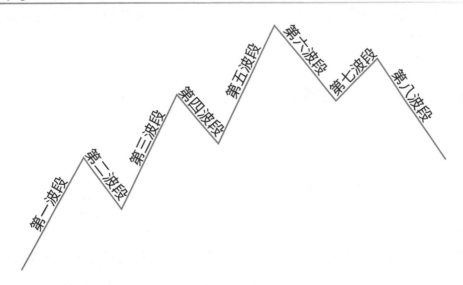

如果我們能畫出這樣的圖形，自然可以知道，現在是處於上升波，還是下跌波。在多頭時期，並不全然是上漲的，碰到第二、第四、第六、第八波，就會下跌。可是怎麼知道哪裡一定是第幾波呢？如果您能在行情尚未底定之時先畫出來，那只能騙騙外行人，咱們天天在看盤、看圖形的技術派難免要說一句真話，其實這都是事後編派的。

圖 7-4 加權指數 (TSE) 日線圖

（圖片資料來源：XQ 全球贏家）

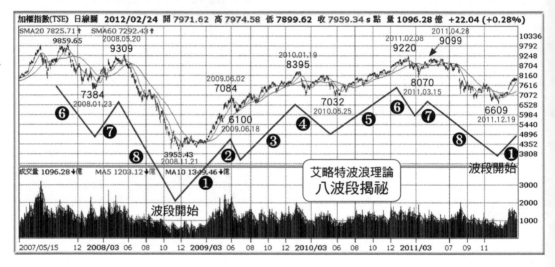

請看筆者所畫的圖 7-4，是不是很合乎大盤走勢？

我這裡用的是「日線圖」，為了方便欣賞，我們就只從 2007 年 10 月 30 日的最高點 9859 點說起吧！

2008 年的經濟風暴，大家餘悸猶存。然而，股市是經濟的櫥窗，它早在前一年的年底就預先反映了。從 2007 年 10 月 30 日的最高點 9859 點，就開始一路下滑。一直跌到 2008 年 11 月 21 日的 3955 點才止住。總共在一年中跌掉了 5904 點，跌幅高達六成。如果不見到行情反轉、一波比一波高，誰知道它是底部呢？由於它實在跌得太深了，形成相對的低點，於是

我們便可以把前面 3411 點（2001 年 9 月 3 日）到 2008 年 11 月 21 日的 3955 點之間，畫出艾略特八波段的走勢。

　　同樣的道理，如果我覺得 2011 年 12 月 19 日的 6609 點是殺得夠低了，把它作為新的「底部」（見圖 7-4），行嗎？

　　好的，那麼連接 3955 點和 6609 點之間，是不是也可以畫出艾略特波浪理論的完整八波段呢？當然可以，看看我畫的：

- 第一波段（上升波），從 3955 點（2008 年 11 月 21 日）開始，到 7084 點（2009 年 6 月 2 日）。

- 第二波段（下跌波），從 7084 點（2009 年 6 月 2 日）開始，到 6100 點（2009 年 6 月 18 日）。

- 第三波段（上升波），從 6100 點（2009 年 6 月 18 日）開始，到 8395 點（2010 年 1 月 19 日）。

- 第四波段（下跌波），從 8395 點（2010 年 1 月 19 日）開始，到 7032 點（2010 年 5 月 25 日）。

- 第五波段（上升波），從 7032 點（2010 年 5 月 25 日）開始，到 9220 點（2011 年 2 月 8 日）。

- 第六波段（下跌波），從 9220 點（2011 年 2 月 8 日）開始，到 8070 點（2011 年 3 月 15 日）。

- 第七波段（上升波），從 8070 點（2011 年 3 月 15 日）開始，到 9099 點（2011 年 4 月 28 日）。

- 第八波段（下跌波），從 9099 點（2011 年 4 月 28 日）開始，到 6609 點（2011 年 12 月 19 日）。

很多人初見到圖形，都會受到震撼。彷彿真有股神似的。其實，沒有走完八波段見到底部，卻說「逮到底部」，都是瞎說的。我們只能說，「盡力去研判」，卻還得時時作修正。誰也無法百分之百地確定所有的變化。

好吧！我們來看看圖 7-5，如果改用月線圖來看，3955 點到 6609 點之間的「時間波」又似乎嫌短了一點。把 6609 點視為底部，固然可以講得頭頭是道。但是在高點（超過第三波和第四波之間的高點）沒出現時，都可以成立，萬一股市一直攻上了一萬點（超過 2007 年 10 月 30 日的 9859 點），是不是 6609 點就變成了圖 7-5 中第四、五波的底部，而非第八波（見圖 7-4）的結束？

所以，在行情尚未走完時，我們只是且戰且走，誰也無法說他逮到了底部！我必須誠實地說：艾略特八波段之說，多半是事後認定的。我們在行情進行中只能盡力研判，而不能說是料定。我們只能賭它的機率！（見圖 7-5）

圖 7-5 加權指數 (TSE) 月線圖

（圖片資料來源：XQ 全球贏家）

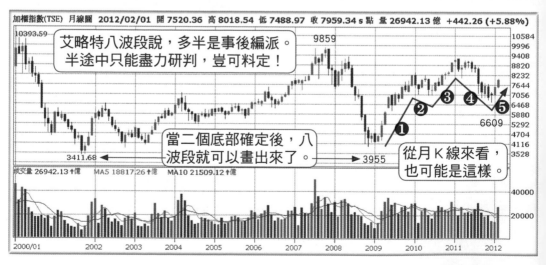

如何揣測「底部區」？基本上，筆者的研判方式是利用較長時間的連續大跌作標準。見圖 7-6，筆者畫有斜線的部位，就是相對大幅的跌勢，它可能是艾略特波浪理論的第六～第八波。以此推論便可以「求出」第一～第五波的位置！如果它的跌幅不夠深（未達滿足點）、時間波不夠長，很可能還不是第六～第八波。如果還不是第六～第八波，那從第一～第五波的推論（圖 7-4），便可能都是錯誤的。

圖 7-6 加權指數 (TSE) 月線圖　　　　　　　　　　（圖片資料來源：XQ 全球贏家）

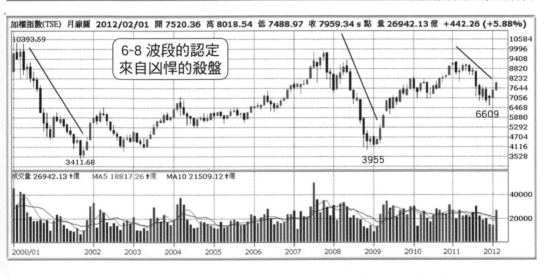

▶ *Point* **02** 　掌握季線跟著月線走，多空準度極高

前面提到月線和季線的關係，其實是一種相當精準的研判方式。我比較傾向於「且戰且走」的觀察戰術，因為行情多變，我們也要靈活應用技術指標才行。

研判多空，如果懂得利用月線和季線的關係，作操盤的根據，就可以不

必確認艾略特八波段是屬於哪一段。看著指標，行情走多就作多，行情走空就放空，這樣反而很簡單。學到這一招，豈只是值回「書」價，簡直把二十年的功力都「灌」給你了！

請讀者們回到圖 7-4，這是一張極富於想像力的艾略特八波段走勢圖，我花了不少時間才仔細畫出來的。但是，不瞞您說，這是事後的剖析，只能騙騙外行人。真正在行進中的行情，是很難確定是不是「底部」的。3411 點是底部，3955 點也是底部，這個現在大家都可以看出來了。我說的是 6609 點，它算不算底部呢？那些說「逮到 3955 點是底部」的人，請你回答一下。很難說是吧？但事後就知道了。當它再出現「更高點」（例如突破 9000 點）或「更低點」（例如跌破 6609 點）就明白了。

股市之難，就在於要有「先見之明」。誰也無法「未卜先知」！但是，離發生行情的時刻越近知道的人，越容易賺錢！

我們來看看，「從 2007 年 10 月 30 日的最高點 9859 點，就開始一路下滑。」如何最快研判出來呢？

用日線圖來看，多空的方向也很明顯。只要是短天期的均線和長天期的均線交叉向下，就是「走空」了；短天期的均線和長天期的均線交叉向上，就是「走多」了，極好掌握。如果懂得運用，便可以在下跌的行情中減少相當多的損失。

在圖 7-9 和圖 -10 中，有時我們也會碰到類似的情形，就是「糾結」。當線型正在「糾結」——也就是忽而交叉向上，又忽而交叉向下，這就表示行情陷入「盤整」之中，我們惟有退場觀望為宜，也可以免得資金堆積。雖然技術線型總是會落後幾天，但是我們要發揮一點想像力，例如線型的發

展，我們不要一直等到正式交叉，而要提早因應，才會制勝機先、買到低價或賣到高價。例如圖 7-8，我們看短天期均線線型彎下來，就得想像它會和底下的長天期均線作出死亡交叉，可別等到正式的交叉那一天！

圖 7-7 加權指數 (TSE) 月線圖

（圖片資料來源：XQ 全球贏家）

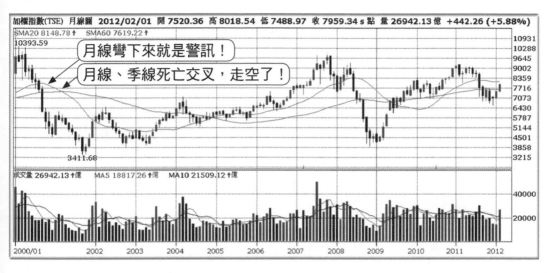

圖 7-8 加權指數 (TSE) 日線圖

（圖片資料來源：XQ 全球贏家）

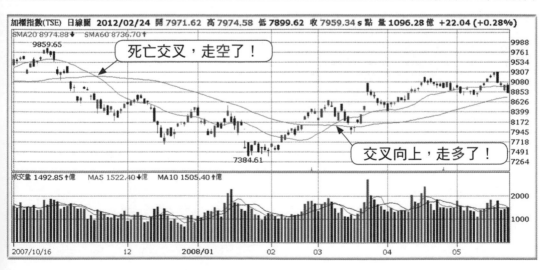

圖 7-9 加權指數（TSE）日線圖

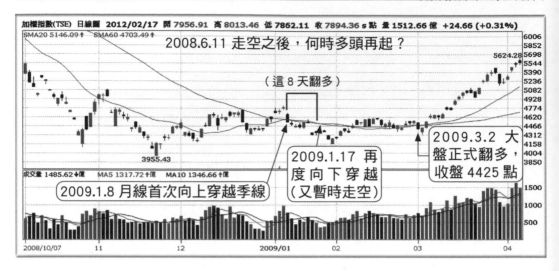

圖 7-10 加權指數（TSE）日線圖

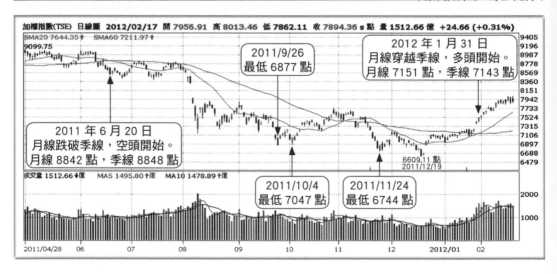

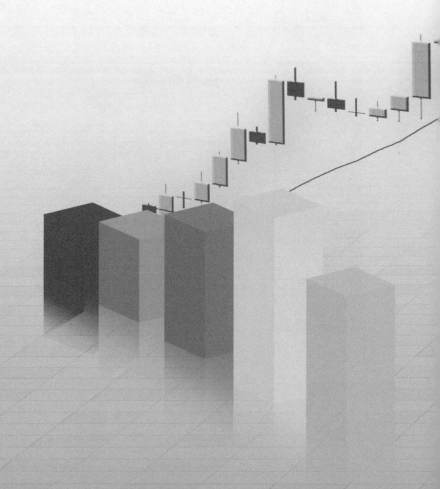

巴菲特v.s彼得林區，台股績效對決

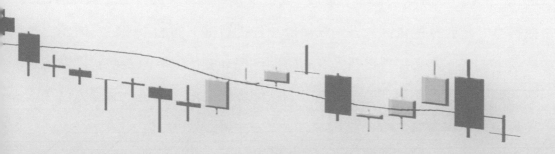

由於電腦和網路普及，許多上班族利用時間偷偷看盤，玩玩短線很常見。筆者也曾經是上班族，深知關心股票卻無法看盤是很懊惱的事。但是，如果是外勤職員玩短線，可有點像蒙起眼睛與人比西洋劍，常常容易挨悶棍。何況一旦操盤失利，極為影響心情，對本身的工作業務非常不好。所以，我一定要留一些篇幅，教教有耐性又肯作長期規畫的人如何選股。

我的一位朋友，堪稱是作長期投資的民間高手，股齡至少二十年了，早期和朋友開過股友社，在股票風光的日子也賺過不少錢，所以在一邊上班時，一邊也有閒錢玩「長期投資」。我對他所以佩服是因為他非常有耐心，是個標準的「價值投資」（ValueInvesting）論者，只要他覺得一檔股票跌到價值超過價格太多的時候，他就買起來放著。擺久了一定可以賺錢。由於他用的是「閒錢」，所以一點都不緊張。我很少見到玩股票能像他一樣從容的人。他經常一檔股票連買四、五個跌停板（分批買進）而面不改色。所謂「長期投資」的人，勢必都得買在大跌的時期，但畢竟什麼地方是絕對低點，是很難預測的，所以會遇到連續買進多個跌停板的情況。這是一個真人真事的贏家故事，值得參考。

最近一次，朋友寫信告訴我他買了一檔股票，叫做「奇美電」（3481）：

天龍兄果然選股非常犀利，令小弟佩服不已。

我都做比較長線，昨天買了 80 張奇美電，預計抱到賺五元才賣。

因為我認為郭董不會倒，而且這是奇美（群創）的歷史低價位，

加上它股價的淨值比只有 0.5，此刻我買它是因為它的價值。我還

勸朋友買，但好像沒人認同，你是高手中的高手，所以跟你分享。

我因為要上班工作無法看盤，加上定力不夠，心臟也不夠強，所以無法從事短線的操作。加上我受了巴菲特影響，所以專挑被低估的股票下手。這樣至少買得安心、睡得著覺，也不用看盤，即使套牢了亦較無壓力，因為我是買它的「價值」，有價值的東西價格只是短暫現象。

去年我覺得紡織股被低估，於是只要有連續下跌的行情，我就會買一些紡織股。兩張、三張的買，一年下來，光是紡織股也獲利十幾萬元，其他的類股更不用說。買幾張股票不用花很多錢，所以談不上富人的遊戲。

最近我買「奇美電」是連買三天，只是昨天買的比較多，目前持股150張，平均成本17.98，目前尚在虧損當中。前天虧損更嚴重，但我不怕，因為本來就在我的預料之中。

圖 8-1 奇美電 (3481) 月線圖

（圖片資料來源：XQ 全球贏家）

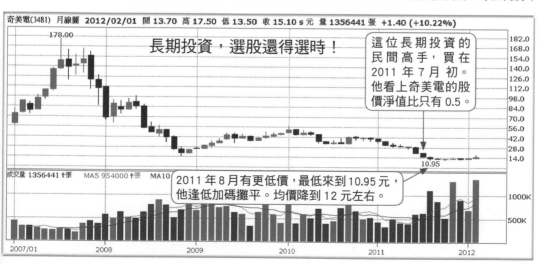

這位好朋友寫信給我的時間，是 2011 年 7 月 6 日。同一檔股票，竟然一抱就是八個月，確實很合乎他「長線投資」的紀律。我們來看看他買「奇美電」時的日線圖位置（圖 8-1）。

股本高達 674.2 億的「奇美電」（3481），我當時查了一下它的「股價淨值比」，確實只有 0.5 而已。

什麼叫做「股價的淨值比」呢？就是 PBR。您如果不懂的話，只要記住一點：PBR 的數值越小，就代表「投資價值」越高。像「奇美電」只有 0.5 確實很低。又好比台塑（1301）的股價淨值比就是 2.25，台積電（2330）是 3.45，中鋼（2002）是 1.57，宏達電（2498）是 5.15，國泰金（2882）是 2.08……由此比較，您就知道 0.5 真的很低。

$$\text{股價淨值比 (PBR)} = \frac{\text{股價}}{\text{每股淨值}}$$

在以上的公式中，「每股淨值」的算法是：

（資產總額－負債總額）÷ 發行股數。

我們把以上的公式變動一下，也就是　股價＝每股淨值 ×PBR

如果以前述的公司來換算就是這樣：

台塑（1301）的股價＝ 40.5 元 ×2.25 ＝ 91 元

台積電（2330）的股價＝ 23.1 元 ×3.45 ＝ 79.7 元

中鋼（2002）的股價＝ 19.3 元 ×1.57 ＝ 30.3 元

宏達電（2498）的股價＝ 121 元 ×5.15 ＝ 623 元

國泰金（2882）的股價＝ 16.5 元 ×2.08 ＝ 34.4 元

奇美電（3481）的股價＝ 29.7 元 ×0.5 ＝ 14.9 元

所以，我們只要把 PBR 乘以每股淨值，就能估出合理的價值了。一般來說，PBR 與盈餘成長、股東權益報酬率（ROE）是成正比的；而與風險是成反比的。

那位買「奇美電」的朋友，所以把奇美電稱為「價值股」，就是因為它的「股價淨值比」非常低。也就是說，當時的股價必然也不高。同樣的道理，如果一檔股票的 PBR 夠高，那麼它的股價必然也高，於是我們就稱它為「成長股」。所以，由此看來，「成長股」和「價值股」是不一樣的概念！這是很多股市新手並不十分清楚的，以為是一樣的意思。

不過，PBR 並不會在財報上秀出來，必須自己算，而且也會因股價的漲跌而有所不同。讀者如果想知道一檔股票的合理價位，可以上台灣證券交易所的「公開資訊觀測站」（網址：newmopstse.com.tw）查閱。

如果您想知道一檔股票算不算「價值投資」的好股票，就是先找到該股票最新一季的「每股淨值」，再與您查閱當天的股價相除（見前面的公式），就可以得出 PBR。

現在話說回來，我的朋友是在 2011 年 7 月初開始投資「奇美電」（3481）的，他覺得該股從 2007 ～ 2008 年之間的 178 元高點跌下來，已經跌到 15 元上下，實在夠慘了，於是就在相對的底部區分批向下買進了。不料，一買就被套住了。那時，股市作多仍極困難。我對他買的這檔股票也非常不看好，後來看股價從他剛買的 16、17、18 元左右，一直跌到 11 元上下，我簡直不忍去和他說話，因為想必心情奇差無比。後來才知他在低檔

又繼續攤平，把成本降到 12 元左右了。我一向反對向下加碼，不過為了尊重他的股市資歷，我什麼也沒說。

今年開紅盤以後，奇美電一度轉強，股價急拉而上，我又接到他興奮的來信了：

> 親愛的天龍兄，我的奇美電全部解套了，並且開始賺錢了！哈哈
> 哈

看吧！這位長期投資的高手又成為贏家了！可見得有些人仍可以從持久的抱股中穩定獲利，並非只有買飆股才會賺錢；買飆股如果不懂得研判它的來龍去脈，也會賠得很慘。現在，我們先再來看看他「既解套又賺錢」的過程。請看圖 8-2。

圖 8-2 奇美電（3481）日線圖　　　　　　　（圖片資料來源：XQ 全球贏家）

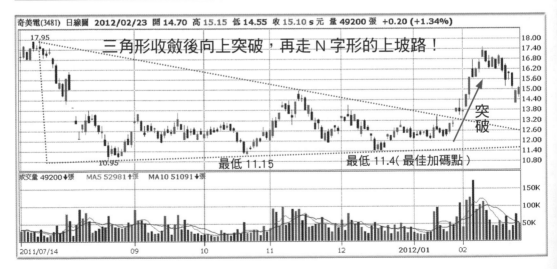

▶Point *01* 在最佳加碼點之後，加碼部位改用融資

從他介入的時機來看，他的長線投資所以會成為贏家，分析起來有以下幾個要點：

一、選時介入非常重要：

如果長期投資是在 2007 年的 178 元高檔附近才進場買股票，那麼即使抱個五年的股票，到了 2012 年 2 月 8 日的高點 17.5 元，又如何解套呢？我這位高手朋友在選擇介入的時間點非常逼近底部，所以有機會翻身。

短線操作股票的人，極容易因頻頻換股而失去完整的利益，除非玩得非常好，否則短線操作者常因未能及時在低檔處或整理完成再度轉強時迅速接回股票。而長期投資者則能吃下「全牛大餐」！

二、最好是閒錢買股票：

我曾經和那位高手朋友開玩笑說，他玩的是「富人的遊戲」，因為窮人都巴不得天天賺錢，哪裡可以容忍天天被套牢在黑暗的鐵窗裡等待黎明？但是，他不一樣，「錢不是問題」，就跟它耗吧！果然就賺錢了！這樣長期的投資方式，比起把錢放在銀行做定存，他投資股票已經算是暴利了！所以，作長期投資的人，最好用的是「閒錢」。如果是借來的或隨時可能被抽走的銀根，就很可能功虧一簣。例如好不容易抱持三、四個月股票，即將在行情大好時解套，但因資金另有他用，不得不抽出，結果只好認賠了！這多不划算！

三、要有足夠耐心抱股：

選股，固然是一種技巧；選擇用什麼態度去面對股市，也是一種選擇。

Chapter 8 新應用：巴菲特 v.s 彼得林區，台股績效對決　　167

當別人買「成長股」股價大躍進的時候，或看到別人買飆股，一連拉三個停板時，長期投資的人很難不有感慨。這時能否堅持原來的理念，便考驗著當事人的耐心了。所以，長期投資的人必須「淡定」。一定要確認自己適合這樣的投資方式，才作這樣的決策。

四、在加碼點才用融資：

一般投資專家都會這樣告訴你：「作長期投資的人切不可使用融資融券。」筆者認為這話沒錯，因為融資融券的風險就在放大投資比例，這無異於把從容不迫的投資風格再度扭轉到緊張的戰鬥位置。其實，長期投資應該比較像釣魚或捕魚，以逸待勞，才是王道。淡定的心情反而容易讓「水波不驚」、「魚兒紛來」；但是，一旦魚兒明顯出現了，再不用力拉竿或收網，未免矯情。請看圖 8-2，剛介入時一定要用現股買賣，直到「最佳加碼點」出現之後，加碼的部位則可以改用融資，以增加漁穫量。這是長期投資者很少想到的策略。

▶ Point 02 長線選股，不能不知道的 ROE

接下來，我們來研究一下什麼叫做 ROE？

ROE 就是「股東權益報酬率」。

「股東權益」是一家公司的資產扣除債務後，有多少是股東可以均分的？如果以財務報表的標準，則是來自資產負債表中，用總資產減掉總負債的餘額，也就是我們所說的「淨值」，所以：

股東權益報酬率 = 稅後純益 ÷ 淨值。

「公開資訊觀測站」裡並沒有提供每一季或是半年度的 ROE 資料，但是我們可以在公開資訊觀測站裡的「財務報表」一欄項下，輸入想要查詢季度的損益表，找到「稅後純益」數字，再從「資產負債表」找到「股東權益」數字，前者除以後者，就可以得到你想要的不同季度或是半年度的「股東權益報酬率」數字了。

ROE 是股神巴菲特（WarrenE.Buffett）的最愛。他對於這個指標的重視程度，遠大於 EPS(每股盈餘)，因此每次財報一公布，你可能急著想知道企業這一季賺了多少錢；而巴菲特卻是想了解企業的 ROE 是否有改善。這就是大師和我們不一樣的地方。

1930 年 8 月 30 日出生的巴菲特，是當今世界最具有傳奇色彩的投資家，連我那位買「奇美電」的朋友，都自命是巴菲特的信徒。所以，巴菲特的選股邏輯是什麼，確實值得我們研究。

從巴菲特的傳記，我們可以歸納出它的幾個重要理念：

❶我把自己當成是企業的經營者，所以我成為優秀的投資人；因為我把自己當成投資人，所以我成為優秀的企業經營者。

❷好的企業比好的價格更重要。

❸一生追求的是消費壟斷企業。

❹最終決定公司股價的是公司的實質價值。

❺沒有任何時間適合將最優秀的企業脫手。

巴菲特從 25 歲以 100 美元開始合夥投資事業起，迄今他個人的財富早已超過 120 億美元，過去三十多年中，他的投資組合創造了超過 20％的平均年複利報酬率，獲利之豐，也使得他成為富比世（Forbes）雜誌的富豪排

行榜中,唯一只藉著投資股票而成為全美前十大的億萬富翁。他看不上股票短期的價差,認為長期參與穩定成長的企業才是明智之舉。所以對他來說,買進股票相當於經營一家企業。他的選股條件是:

(1)近 5 年,每年的 EPS 都大於 1 元

(2)近 12 個月每股營收大於 1.5 元

(3)股價淨值比小於 1.5

(4)近 4 季 ROE 大於 5%

(5)最近 5 年毛利率每年都大於 10%

過濾股價 5 元以下,五日均量在 500 張以下的個股

筆者把巴菲特的選股標準,以 2012 年 2 月 24 日(星期五)(也是本書截稿前最後一個交易日)的統計數字,輸入股票專業軟體的「條件」設定,得到 38 檔合乎巴菲特「選股條件」的股票,我同時把這些股票的一月、一季、半年、一年的獲利率都查出來,整理成表 8-1,提供給讀者參考。

表 8-1:巴菲特選股的結果(2012 年 2 月 24 日)

	代碼	商品	股本	收盤	近 5 年最小 EPS	近 12 個月每股營收(元)	股價淨值比	近 4 季股東權益報酬率 (%)	一週 %	一月 %	一季 %	半年 %	一年 %
1.	3622	洋華	15.01	85.60	7.85	106.8	1.24	8.83	+5.68	+34.80	+31.90	-11.30	-63.41
2.	3596	智易	14.01	45.00	5.03	101.7	1.32	13.29	+2.27	+27.84	+34.33	+54.37	-4.76
3.	1582	信錦	13.66	41.00	3.68	10.0	1.47	11.89	+5.53	+22.39	+20.59	+28.73	-12.27
4.	2536	宏普	31.91	27.40	3.31	9.7	0.93	6.67	+1.48	+19.39	+26.85	-3.96	-30.43
5.	3484	崧騰	5.52	31.20	3.24	30.5	1.37	7.54	+24.30	+63.35	+80.35	+38.67	+2.20
6.	3010	華立	23.14	42.75	3.21	95.4	1.30	15.15	+6.88	+13.40	+18.42	-1.95	-20.75
7.	5608	四維航	36.64	28.90	3.11	1.7	1.38	11.08	0.00	+14.00	+12.67	-12.82	-17.44

8.	3305	昇貿	11.89	42.55	3.11	34.5	1.37	14.66	+1.19	+10.23	+26.45	-4.70	-12.84
9.	2417	圓剛	21.05	29.20	3.05	8.5	1.40	16.33	-2.34	+16.80	+29.20	+23.21	-6.29
10.	3607	谷崧	11.54	54.50	2.93	48.3	1.10	6.45	+13.54	+55.49	+56.61	+37.97	+12.19
11.	4104	佳醫	10.30	69.90	2.92	30.1	1.38	7.37	-0.85	+9.56	+19.69	-0.43	-20.07
12.	3015	全漢	22.88	27.40	2.90	64.0	1.16	10.44	-1.79	+13.93	+20.70	+22.05	-13.91
13.	2387	精元	37.13	21.00	2.67	4.8	1.06	6.41	-8.50	+30.84	+11.70	-3.97	-24.60
14.	3026	禾伸堂	32.02	29.20	2.41	39.7	1.03	8.74	0.00	+8.15	+15.42	+9.36	-7.83
15.	3551	世禾	5.00	43.60	2.37	19.1	1.10	13.65	-1.58	+13.84	+17.84	+11.94	+19.35
16.	3037	欣興	153.86	38.90	2.22	31.5	1.34	12.38	+2.23	+4.99	+23.69	+8.06	-24.11
17.	2509	全坤建	15.18	19.50	2.15	12.1	0.88	18.21	+3.17	+7.73	+18.54	-8.45	-17.68
18.	2464	盟立	17.73	25.15	2.06	32.7	1.44	15.38	+4.79	+11.04	+23.59	-3.27	-11.65
19.	9904	寶成	290.86	25.65	1.85	4.3	1.28	10.32	-1.35	-1.35	+15.54	+16.86	+4.24
20.	2104	中橡	54.92	29.65	1.85	11.1	0.99	7.78	+0.34	+10.84	+7.43	-6.76	+13.15
21.	3380	明泰	47.57	25.10	1.80	49.4	1.30	8.33	-2.71	+6.13	+28.39	+13.57	+10.04
22.	1717	長興	99.24	25.50	1.70	18.0	1.42	6.89	-2.11	+6.47	+20.00	-0.58	-10.89
23.	2524	京城	35.77	25.40	1.70	7.3	1.33	15.61	+10.68	+37.30	+38.04	+7.40	-12.12
24.	2355	敬鵬	39.75	24.75	1.62	32.9	0.91	8.30	+4.43	+23.13	+33.78	+38.27	+6.32
25.	2489	瑞軒	81.90	23.15	1.54	51.0	1.29	9.16	+8.43	+39.46	+46.98	+40.36	+7.84
26.	2476	鉅祥	24.43	18.00	1.49	5.6	0.98	7.74	+0.28	+16.50	+18.42	+3.45	-15.60
27.	3533	嘉澤	9.35	86.40	1.40	70.4	1.47	14.50	+1.65	+9.37	+22.90	+34.37	-32.64
28.	3573	穎台	14.70	49.80	1.35	26.3	1.06	8.47	+2.57	+23.88	+10.42	+5.96	-48.90
29.	2480	敦陽科	13.30	28.95	1.33	30.0	1.44	9.94	+4.70	+18.16	+16.27	-12.80	+20.85
30.	5525	順天	23.39	15.40	1.31	4.0	1.08	6.14	+1.65	+13.24	+0.65	-5.23	-7.45
31.	1319	東陽	55.49	35.65	1.23	23.0	1.33	6.98	-0.56	+6.42	+15.37	+13.35	+5.41
32.	2538	基泰	39.66	14.90	1.19	5.9	0.98	14.62	+1.02	+8.36	+10.78	-10.24	-15.26
33.	4306	炎洲	29.66	26.80	1.18	17.6	1.38	12.19	+1.32	+14.78	+11.67	+0.82	+2.07
34.	2881	富邦金	901.37	33.90	1.09	3.2	1.32	12.89	-0.59	+9.53	+8.83	-18.51	-2.90
35.	2478	大毅	23.32	21.80	1.05	8.9	1.10	6.86	+5.31	+17.52	+35.83	+3.32	-23.13
36.	6257	矽格	35.97	23.45	1.04	11.9	1.22	11.78	+6.59	+16.67	+24.07	+25.07	-2.97

37.	9934	成霖	30.70	22.60	1.03		10.4	1.32	5.90	+2.03	+12.44	+24.52	+17.10	-22.60
38.	1513	中興電	48.00	16.90	1.02		15.8	1.07	8.06	+2.74	+11.92	+16.15	+13.04	+7.00
39.	1504	東元	183.78	20.35	1.00		14.1	1.03	7.64	+0.74	+8.24	+14.97	+11.20	+22.64

在表 8-1 裡，我們可以發現，台塑（1301）、台積電（2330）、中鋼（2002）、宏達電（2498）、國泰金（2882）、中華電（2412）等等公司，多半不在其中。這是怎麼回事？巴菲特不看好這樣長年獲利的「績優股」嗎？或許可以這樣解釋：

❶這裡是以條件選股為主，並不參考公司經營者的形象問題。

❷台積電等公司雖然人才濟濟，但不太習慣舉債經營，而某些公司懂得趁景氣好時舉債經營，ROE 就會變得比較高。這就有如前面筆者建議長期投資者可以在「最佳加碼點」把增加持股的部位用融資買進，道理是一樣的。「能賺時就儘量賺，平時或沒把握時就保守些。」這樣的獲利才會快！

基本上，ROE= 稅後純益 ÷ 股東權益，如果把右邊的分子分母各乘上資產總額，亦即：

$$ROE = \frac{(稅後純益 \times 資產總額)}{(股東權益 \times 資產總額)} = \frac{稅後純益}{資產總額} \times \frac{資產總額}{股東權益}$$

這其中的（稅後純益 ÷ 資產總額），就是我們常聽到的 ROA（資產報酬率），而（資產總額 ÷ 股東權益），則是所謂的負債比率。

換句話說，兩家資產報酬率相同的公司，若負債比率越高股東權益報酬率(ROE)就越高；相反的，堅持低負債或是零負債率的公司ROE就不會太高。

❸我們把巴菲特最強調的 ROE，作次由高往低的排序，可以發現前五名是以下的公司（見表 8-2）。這五家公司在景氣轉好的這一季，表現都不錯。

表 8-2

	代碼	商品	股本	收盤	近5年最小EPS	近12個月每股營收（元）	股價淨值比	近4季股東權益報酬率(%)	一週%	一月%	一季%	半年%	一年%
1.	2509	全坤建	15.18	19.50	2.15	12.1	0.88	18.21	+3.17	+7.73	+18.54	-8.45	-17.68
2.	2417	圓剛	21.05	29.20	3.05	8.5	1.40	16.33	-2.34	+16.80	+29.20	+23.21	-6.29
3.	2524	京城	35.77	25.40	1.70	7.3	1.33	15.61	+10.68	+37.30	+38.04	+7.40	-12.12
4.	2464	盟立	17.73	25.15	2.06	32.7	1.44	15.38	+4.79	+11.04	+23.59	-3.27	-11.65
5.	3010	華立	23.14	42.75	3.21	95.4	1.30	15.15	+6.88	+13.40	+18.42	-1.95	-20.75

若不從「近 4 季股東權益報酬率」來排序，而以一季的績效表現來找出前五名，則如表 8-3。我們再把這前五名的績效加以平均，可以算出以巴菲特選股條件找到的股票，其一季的平均績效是 51.56%，報酬也相當的不錯。

表 8-3

	代碼	商品	股本	收盤	近5年最小EPS	近12個月每股營收（元）	股價淨值比	近4季股東權益報酬率(%)	一週%	一月%	一季%	半年%	一年%
1.	3484	崧騰	5.52	31.20	3.24	30.5	1.37	7.54	+24.30	+63.35	+80.35	+38.67	+2.20
2.	3607	谷崧	11.54	54.50	2.93	48.3	1.10	6.45	+13.54	+55.49	+56.61	+37.97	+12.19
3.	2489	瑞軒	81.90	23.15	1.54	51.0	1.29	9.16	+8.43	+39.46	+46.98	+40.36	+7.84
4.	2524	京城	35.77	25.40	1.70	7.3	1.33	15.61	+10.68	+37.30	+38.04	+7.40	-12.12
5.	2478	大毅	23.32	21.80	1.05	8.9	1.10	6.86	+5.31	+17.52	+35.83	+3.32	-23.13
巴菲特選股一季的平均獲利											+51.56		

03 最近一季負債比例，要小於 30%

　　看完了巴菲特（WarrenE.Buffett）的選股結果，我們再來瞧瞧彼得林區（PeterLynch）的選股策略。

　　著名的富達麥哲倫基金創始人彼得林區，是在 2001 年的一場公開視訊會議中，廣為台灣的財經界人士所認識。當時，美國經濟正因為科技股泡沫及九一一事件而陷入危機。當被問及美股是否已經落底時，彼得林區回答：「我不覺得這樣的預測有什麼意義，想賺錢，就不該用短線的邏輯思考。」隨後，股票的世界，就進入了一段最強勁的景氣擴張期。台灣媒體才開始大事報導，關於這位大師的相關資訊。

　　我們因而得知，彼得林區於 1968 年進入富達投顧擔任分析師，並於 1977 年開始掌管當時只有兩千兩百萬美元資產的麥哲倫基金，主要投資美國的股票。在彼得林區的操盤下，麥哲倫基金成為有史以來最龐大的共同基金，到了 1987 年，該基金持有人數已超過一百萬人，資產成長至 84 億美元，績效非常可觀。

　　彼得林區認為，善用已知的資訊來投資會較佔優勢。他一向主張，要買就買自己熟悉的股票、介入自己專精的行業，才會穩操勝券。舉例來說，他自己是從事證券分析的，就利用這方面資訊優勢去選股操作。在挑選股票時，他偏愛比較穩定、比較少人競爭的行業，最好是一種獨佔事業，而且是市場較沒有人注意的冷門股。因為熱門股價格波動性較大，雖然成長快但競爭者也多，他不喜歡這種股票。此外，沒有歷史資料的新公司，或者管理不良的老公司，他也沒興趣。

基本上，他認為長期投資，可以不必太擔心短期的因素。如果太過擔憂市場，就不會是個好投資人，因為進出動作會因顧慮太多而不順利。他認為股市操作成功的關鍵，就是要能承受得起所謂的「利空」消息。他認為股市大跌時不但不必擔憂，反而應該高興，因為可以撿到便宜。

彼得林區的選股條件如下：

1. 本益比小於 20

2. 近 2 年營收成長率，平均大於 25%

3. 近 5 年稅前淨利成長率，平均大於 7%

4. 最近一季負債比例小於 30%

過濾股價 5 元以下、五日均量在 500 張以下的個股

表 8-4 是筆者以 2012 年 2 月 24 日星期五盤後（也是本書截稿前最後一個交易日）統計出來的數字，輸入股票專業軟體的「條件」設定，得到 27 檔合乎彼得林區「選股條件」的股票，我同時把這些股票的一週、一月、一季、半年、一年的獲利率都整理成一覽表，提供給讀者參考。

表 8-4：彼得林區選股的結果（2012 年 2 月 24 日）　　　方天龍整理／取材自全球 XQ 贏家

	代碼	商品	股本	收盤	本益比	近 2 年平均營收成長率 (%)	近 5 年平均稅前淨利成長率 (%)	近一季負債比率 (%)	一週 %	一月 %	一季 %	半年 %	一年 %
1.	3691	碩禾	4.41	354.00	12.06	900.72	998.39	11.92	+3.81	+22.92	+64.65	-15.11	-43.60
2.	4933	友輝	4.84	117.50	15.52	209.39	19.35	13.03	+9.81	+80.77	+88.00	+48.17	--
3.	3685	政翔	4.02	31.80	10.95	129.11	54.53	27.91	+29.80	+50.71	+49.65	+66.08	+19.56
4.	8422	可寧衛	10.89	202.50	17.87	120.79	284.95	6.62	-1.46	+17.73	+14.41	--	--
5.	4532	瑞智	42.87	26.00	15.08	84.52	30.13	19.36	+1.17	+9.24	+5.91	+6.12	+54.75
6.	2474	可成	75.04	201.50	15.20	68.24	11.17	18.61	+2.03	+20.30	+37.07	-9.87	+69.46

7.	3573	穎台	14.70	49.80	14.10	66.20	707.70	16.90	+2.57	+23.88	+10.42	+5.96	-48.90
8.	8936	國統	13.54	34.00	3.14	63.17	871.60	22.75	+3.03	+12.40	+20.14	-1.22	+5.60
9.	3622	洋華	15.01	85.60	15.85	61.34	276.82	28.53	+5.68	+34.80	+31.90	-11.30	-63.41
10.	3628	盈正	4.50	84.10	13.88	57.48	137.53	28.53	+9.51	+34.13	+58.98	+6.05	-59.95
11.	3702	大聯大	158.39	41.50	12.80	56.91	136.19	4.61	+1.72	+10.23	+33.66	-0.24	-6.66
12.	3533	嘉澤	9.35	86.40	10.30	55.86	60.60	23.20	+1.65	+9.37	+22.90	+34.37	-32.64
13.	3450	聯鈞	7.66	56.20	10.82	52.93	62.30	24.21	+6.44	+31.46	+44.10	-0.18	-24.25
14.	3030	德律	21.64	40.00	9.00	52.28	73.55	19.18	+3.49	+21.77	+28.62	+11.11	-8.32
15.	3390	旭軟	5.32	36.75	10.71	47.19	19.98	26.12	+4.40	+10.03	+27.16	-9.03	+15.23
16.	3306	鼎天	5.06	31.80	12.06	44.97	157.75	26.45	+6.00	+31.40	+53.62	+10.47	-36.57
17.	6271	同欣電	16.25	99.60	18.39	37.32	82.71	14.67	+5.29	+20.87	+48.21	+38.33	-22.99
18.	3563	牧德	3.07	51.20	11.07	36.19	80.20	26.94	+2.81	+27.68	+25.49	-11.72	+53.23
19.	3008	大立光	13.41	639.00	16.65	31.89	35.12	27.53	+2.08	+8.49	+34.95	-17.44	-16.94
20.	6286	立錡	14.95	170.50	15.64	31.29	42.21	27.87	-3.40	+7.23	+35.86	+20.07	-19.63
21.	3630	新鉅科	8.57	61.70	12.99	30.00	118.92	16.98	-4.64	+27.48	+55.81	-15.48	-58.15
22.	1531	高林股	19.32	24.10	8.53	29.04	130.31	17.85	+3.88	+18.14	+9.05	-3.02	-10.17
23.	2478	大毅	23.32	21.80	16.53	28.91	23.21	28.95	+5.31	+17.52	+35.83	+3.32	-23.13
24.	1611	中電	39.84	20.40	14.47	28.62	21.96	29.43	+3.29	+11.17	+16.24	+4.62	-8.96
25.	3257	虹冠	3.87	30.30	12.89	28.18	107.59	16.91	-2.57	+40.28	+24.69	+31.45	--
26.	3455	由田	6.03	32.80	13.60	27.20	179.76	21.52	+2.50	+24.71	+29.39	-18.20	-48.37
27.	5326	漢磊	32.66	12.90	10.97	26.47	19.64	28.01	+10.26	+40.98	+58.28	+9.32	-35.98

在表 8-5 中，我們如果我們不從「本益比」或「成長率」來排序，而以一季的績效表現來找出前五名，然後我們再把這前五名的績效加以平均，可以算出以彼得林區選股條件找到的股票，其一季的平均績效是 65.14%，比巴菲特的 51.56%，報酬還更高。

表 8-5

	代碼	商品	股本	收盤	本益比	近2年平均營收成長率(%)	近5年平均稅前淨利成長率(%)	近一季負債比率(%)	一週%	一月%	一季%	半年%	一年%
1.	4933	友輝	4.84	117.50	15.52	209.39	19.35	13.03	+9.81	+80.77	+88.00	+48.17	--
2.	3691	碩禾	4.41	354.00	12.06	900.72	998.39	11.92	+3.81	+22.92	+64.65	-15.11	-43.60
3.	3628	盈正	4.50	84.10	13.88	57.48	137.53	28.53	+9.51	+34.13	+58.98	+6.05	-59.95
4.	5326	漢磊	32.66	12.90	10.97	26.47	19.64	28.01	+10.26	+40.98	+58.28	+9.32	-35.98
5.	3630	新鉅科	8.57	61.70	12.99	30.00	118.92	16.98	-4.64	+27.48	+55.81	-15.48	-58.15
彼得林區選股一季的平均獲利											+65.14		

　　彼得林區選股，一季的績效可以高達 65.14%，這只是說明他的選股策略在台灣一樣管用。其實，彼得林區在擔任富達麥哲倫基金掌門人的時候，曾為投資人在十年間創造了將近 13 倍的獲利，那才是驚人！

　　巴菲特是以投資時間「夠久」著稱，他的功力表現在更長遠的投資績效；如果以較快速的獲利，筆者多次驗證的結果，仍以彼得林區的選股較為犀利。他真不愧是美國人心目中最尊敬的投資大師之一，也不枉「時代雜誌」曾經推崇為全美第一名基金經理人！

　　比較值得我們學習的是，彼得林區這樣高明的操盤術所依賴的，並不是什麼複雜的投資系統，而是一些生活和工作上的簡易觀察。

　　舉例來說，他發現太太很喜歡穿某一種品牌的褲襪，於是就買進該產品製造商的股票；聽到任職於某飯店的副總裁特別推崇其競爭對手某家汽車旅館，於是他就買進那家旅館的股票……類似這樣從生活細節中去注意「有什麼備受大眾歡迎的熱門產品」，就能為他的選股帶來十多倍的利益。這其中有一個特殊的意義，那就是「大家都喜歡該公司的產品」。彼得林區認為，

這是投資股票的第一訣竅，也是我們「業餘」的散戶可以戰勝「專業」的優勢。可惜大部分人很少這樣去做！

▶Point 04 利用「股息殖利率」，選股賺穩定財

在「價值投資」的領域裡，除了巴菲特極為重視的「股東權益報酬率」，以及彼得林區用「本益比」和「成長率」之外，還有一招比較受到專業投資人的重視，那就是觀察「股息殖利率」。

「股息殖利率」，簡單地說，就是用類似存款計算利息的方式，幫你算一算，這家公司發放的現金股息跟銀行利率相比，划不划算，計算的公式是：

$$股息殖利率 = \frac{每股現金股利}{每股市價（或買進成本）}$$

為什麼分母會有「每股市價」和「買進成本」這兩種呢？因為這是要看我們手上有沒有持股來決定的，如果還沒進場，按照市價計算較不失真；如果手上已有股票，就可以用買進成本估算自己持股的股息殖利率。

一般來說，如果殖利率低於定存 2 倍以上，就不值得考慮。因為按照過去幾年的情況，台股股息殖利率的標準值大約是 4%，以這樣的標準來看，名列「高股息」概念股的，往往要有 6%、甚至 8% 以上的水準。

尤其現在處於低利率環境，1 年期定存的利率水準連 2% 都不到，使高於定存 2 倍、甚至 3 倍以上的高股息殖利率股，特別受到投資人青睞。一般有高股息的個股多以傳產業為主，這些傳產公司獲利穩定，適合穩健的投資人。

▶ *Point* **05** 　**一次性的高股息要當心**

　　有些公司，可能因為賣了土地或其他原因意外賺上一筆大錢，這種今年有、明年不再有的股息，算是「一次性的高股息」，這種股票必須格外留心，因為並不能將它視為常態計算，往往除完息，股價就開始貼息了。到時必然後悔！

　　此外，數值最高的股票，並非就要第一優先考慮。一般來說，大多頭時期，我們不在乎股息低，因為可以從漲幅差價中得到滿足；但如果是碰到空頭時期，所選的股票必須要有高一點的股息率，才能彌補股價大跌的潛在風險。

　　至於在篩選「高股息殖利率」個股時，最好能搭配「可扣抵稅率」這項指標。如果參與除權息公司的「可扣抵稅率」很高，那就代表可以獲得租稅優惠的額度也很大，在每年申報個人綜合所得稅時，有利於提高可扣抵稅額，這會增加理財的便利性。

　　申報個人綜合所得稅時，「股東可扣抵稅額」取決於「發放股利」與「稅額扣抵比率」，只要「稅額扣抵比率」高於「個人綜合所得稅率」，參與除權息不僅可享股利或股息報酬，也可以額外得到抵減稅額，這在節稅上就兩全其美了。

　　現在，我們仍然以 2012 年 2 月 24 日星期五盤後統計出來的數字，輸入股票專業軟體的「條件」設定，得到「殖利率排行榜前十名」的股票，我同時把這些股票的一週、一月、一季、半年、一年的獲利率都整理成一覽表，提供給讀者參考。請見表 8-6。

表 8-6：殖利率排行榜前十名的股票（2011 年度）

	代碼	商品	股本	成交	殖利率 (%)	現金股利	盈餘配股	收盤價	一週 %	一月 %	一季 %	半年 %	一年 %
1.	3030	德律	21.64	40	7.50%	2.7	0.3	40.00	+3.49	+21.77	+28.62	+11.11	-8.32
2.	8083	瑞穎	3.01	43.6	6.88%	3	0	43.60	+5.95	+17.20	+20.11	+20.44	+38.82
3.	6023	寶來期	13.13	36.5	6.56%	2.396	0	36.50	+0.55	+4.29	+11.62	-2.41	+3.47
4.	1595	川寶	3.68	78.8	6.35%	4.5	0.5	78.80	+1.16	+27.10	+14.20	--	--
5.	6266	泰詠	7.46	9.94	6.24%	0.31	0.31	9.94	+1.43	+28.76	+20.19	+13.08	-19.15
6.	2421	建準	25.79	24.05	6.24%	1.5	0	24.05	-2.04	-3.61	-5.69	-9.07	+6.43
7.	3511	矽瑪	3.85	30	5.00%	1.5	0	30.00	+7.91	+47.06	+48.51	-3.23	-45.69
8.	3152	璟德	6.90	92.3	4.78%	4.41	0	92.30	+4.41	+33.38	+29.27	+13.39	-15.69
9.	5347	世界	161.91	12.65	4.74%	0.6	0	12.65	-1.17	+9.05	+21.63	+17.67	-21.33
10.	1452	宏益	13.26	10.55	4.74%	0.5	0	0	+0.96	+14.67	+20.16	-4.52	-30.97
殖利率排行榜前十名的股票											+20.86		

　　從表 8-6，我們可以看出，「德律」是殖利率最高的股票，但它並非漲幅最大的股票。以一季的績效來看，最好的是「矽瑪」，它的股本很小，只有 3.85 億。其中「璟德」和「川寶」2011 年度的現金股利都很高，分別為 4.41 元和 4.5 元。但為什麼殖利率反而不高呢？因為它們的股價都高了，前者是 92.3 元，後者為 78.8 元。套進公式來算，殖利率就不高了。

　　總的說來，殖利率排行榜前十名的股票在一季的平均績效表現是 20.86%。這樣的數據比起前述兩位大師的績效，可是差多了！

　　最後，我要引用巴菲特的話作為本書的結尾：「股價」和公司的「真實價值」經常走不一致的路，最終仍將趨於一致，但「趨於一致」的情形，有時必須經過一段期間才能看到。

　　彼得林區也有一句類似的話：「股價常與基本面反向而行，但以長遠投

資來看，獲利終將反映事實。」

　　所以，回歸到前面所說的，秉持「價值投資」論的股友必須堅持耐心，抗戰到底！筆者確認它會成功，但你得確認自己有沒有耐心、能不能守紀律。

投資好書
富足人生

貨到付款

　　享折扣＋免運費

購買恆兆圖書的 4 種方法

第 1 種
貨到付款

請打 02.27369882 由客服解說。

第 2 種
劃撥郵購

劃撥帳號　19329140
戶名　恆兆文化有限公司

第 3 種
上網訂購
（可選擇信用卡）

請上 www.book2000.com.tw

第 4 種
來電或傳真
由銀行ATM匯款

銀行代碼(006) 合作金庫 三興分行

銀行帳號 1405-717-327-091
戶名　恆兆文化有限公司

電話　02.27369882

傳真　02.27338407

股票超入門 第1集

技術分析篇

定價：249元

K線、移動平均線還有常聽到投顧老師
說的像是圓形底、M頭、跳空等等，初
學者一定要會的基本技術分析功力，作
者採圖解＋實例解說的方式為說明。是
每一位初入門者必學的基本功。

股票超入門 第2集

看盤選股篇

定價：249元

新手常常面臨到一個窘境，明明已經
練好功夫準備一展身手，一面對盤勢
時……天吶，數字跳來跳去，股票又上
千檔，我該如何下手呢？本書有詳細的
步驟範例，教你看盤＋選股。

股票超入門 第3集
基本分析篇
定價：249元

主要是討論企業的財務報表與如何計算
公司的獲利能力與合理股價。雖然它不
像線圖或消息面那樣受到散戶的重視，
卻是任何一位投資者都必需具備的基本
功，就像打拳得先練內力一樣。

股票超入門 第4集
當沖大王
定價：450元

面對市場的詭譎不定，不少投資人最後
採取每天沖銷，既省事晚上又睡得好。
然而，做當沖比一般投資更需要技術，
尤其要完全摸透主力的心思。投資人需
要的是高手的實戰典範，而非理論。

股票超入門 第5集
波段飆股
定價：399元

淺碟型的台股很難用國外長期投資的思
維進行交易，而對一般非職業的投資人
而言，短線又照顧不到，波段交易是最
常見的投資策略。不全採多頭思維，看
懂波段行情，一段一段多空都賺。

股票超入門 第6集

K線全解

定價：249元

K線，是初學股票者的第一塊敲門磚，但你過去所學的K線，有可能因為這本書而完全顛覆，最重要的原因是過去你所學的K線看圖法可能不夠「細」也不夠「活」，這是口碑超級好的一本書。

股票超入門 第7集

投資技巧

定價：249元

支撐與壓力的判斷、量與價的搭配，這兩大主題本書有詳細的解說。交易，不可能把把賺，但了解那一區塊是支撐，一區塊是壓力，其中成交量的變化如何，卻可以讓投資者大大提高勝率。

股票超入門 第8集

短線高手

定價：249元

本書著重在一位短線高手的「隔日沖」交易細節大公開，雖然這是一套很「有個性」的交易方法，但本書發行以來好評不斷，看到別人的交易方法，自己的交易思維可以進一步提升。

股票超入門 第10集

股票超入門 第9集

主力想的和你不一樣

定價：299元

作者以其自身的經歷與操盤經驗，白描他所認識的主力操盤思維。其中融合了一位與作者曾經很熟識的天王主力與作者訪問過的３０位法人主力。創新的內容，是台股投資人不可或缺的一本書。

籌碼細節

定價：349元

新聞可以騙、線圖可以騙、投顧老師更不乏騙子之徒，所以，只要是高手，沒有不必然看籌碼的。至於怎麼看？「細節」才是重點!活逮主力、輕鬆搭轎，就從捉住籌碼細節開始。

股票超入門 第11集

融資融券

定價：249元

新手搞半天還是對融資融券一知半解
嗎?這是台灣股票書史上，目前為止對
於融資融券的實務介紹得最完整、資料
最新的一本書。此外，有關資、券實戰
一步一步的教授，沒有20年的操盤功力
是絕對寫不出來的。

股票超入門 第12集

放空賺更多

定價：299元

2011年初，作者從台股盤面的幾個
訊號，就已經預告當年台股是「放空
年」。
你知道放空時機如何掌握嗎?作 者數十
年的操盤經驗，教你如何捉準時機大賺
放空財。

股票超入門 第13集

非贏不可

定價：399元

6個 投資逆轉勝的故事
沒有人天生就是交易贏家，編輯部以第
一人稱的敘述寫法，專訪六位期貨、股
票贏家，暢談他們從菜鳥期、學習期、
提升期到成熟期的交易心得與方法。

• 國家圖書館出版品預行編目資料

方天龍實戰秘笈系列1：你的選股夠犀利嗎？ ／方天龍 著.

-- 臺北市： 恆兆文化，2012.04

184面； 17公分×23公分 (方天龍實戰秘笈系列；1)

ISBN 978-986-6489-32-7 （平裝）

1.股票投資 2.投資技術 3.投資分析

563.53 101002835

方天龍實戰秘笈系列1：

你的選股夠犀利嗎？

出 版 所　　恆兆文化有限公司
　　　　　　Heng Zhao Culture Co.LTD
　　　　　　www.book2000.com.tw

發 行 人　　張正
作 　 者　　方天龍
封 面 設 計　　尼多王
責 任 編 輯　　文喜
插 　 畫　　韋懿容
電 　 話　　＋886-2-27369882
傳 　 真　　＋886-2-27338407
地 　 址　　台北市吳興街118巷25弄2號2樓
　　　　　　110,2F,NO.2,ALLEY.25,LANE.118,WuXing St.,
　　　　　　XinYi District,Taipei,R.O.China
出 版 日 期　　2012/04初版
I S B N　　978-986-6489-32-7(平裝)
劃 撥 帳 號　　19329140 戶名 恆兆文化有限公司
定 　 價　　399元
總 經 銷　　聯合發行股份有限公司 電話 02-29178022